O DIA QUE MARCOU NOSSAS VIDAS

Editora Appris Ltda.
1.ª Edição - Copyright© 2022 da autora
Direitos de Edição Reservados à Editora Appris Ltda.

Nenhuma parte desta obra poderá ser utilizada indevidamente, sem estar de acordo com a Lei nº 9.610/98. Se incorreções forem encontradas, serão de exclusiva responsabilidade de seus organizadores. Foi realizado o Depósito Legal na Fundação Biblioteca Nacional, de acordo com as Leis n°s 10.994, de 14/12/2004, e 12.192, de 14/01/2010.

Catalogação na Fonte
Elaborado por: Josefina A. S. Guedes
Bibliotecária CRB 9/870

U14d
2022
	Uberti, Leila Giacomini
	   O dia que marcou nossas vidas / Leila Giacomini Uberti. - 1. ed. - Curitiba: Appris, 2022.
	     100 p. ; 21 cm.
	
	   ISBN 978-65-250-3750-9
	
	   1. Memória autobiográfica. 2. Fé. 3. Resiliência (Traço de personalidade). I. Título.
	
	                                      CDD – 808.06692

Appris editora

Editora e Livraria Appris Ltda.
Av. Manoel Ribas, 2265 – Mercês
Curitiba/PR – CEP: 80810-002
Tel. (41) 3156 - 4731
www.editoraappris.com.br

Printed in Brazil
Impresso no Brasil

Leila Giacomini Uberti

O DIA QUE MARCOU NOSSAS VIDAS

FICHA TÉCNICA

EDITORIAL	Augusto V. de A. Coelho
	Sara C. de Andrade Coelho
COMITÊ EDITORIAL	Marli Caetano
	Andréa Barbosa Gouveia - UFPR
	Edmeire C. Pereira - UFPR
	Iraneide da Silva - UFC
	Jacques de Lima Ferreira - UP
SUPERVISOR DA PRODUÇÃO	Renata Cristina Lopes Miccelli
ASSESSORIA EDITORIAL	Nathalia Almeida
REVISÃO	Juliane Soares
	Cristiana Leal
PRODUÇÃO EDITORIAL	Bruna Holmen
DIAGRAMAÇÃO	Bruno Ferreira Nascimento
CAPA	Eneo Lage

Dedico este livro aos meus filhos, Bruno, que sempre se manteve firme e, mesmo na tristeza de perder o irmão, soube com maestria me dar forças e enfrentar seus medos diante do irreversível, e Inácio, cuja presença espiritual nos acalenta a cada lágrima derramada, estamos sempre juntos. Dedico este livro a todos os pais e mães, em especial às mães órfãs de filhos em tenra idade, que jamais deveriam passar por essa perda. Dedico este testemunho de fé a quem quer que seja e tenha vontade de viver e sorrir.

AGRADECIMENTOS

Sou grata a Deus, por essa vontade que eu tenho de viver; aos meus filhos, Bruno, por acreditar em mim e na minha capacidade, e Inácio, que está sempre no meu coração palpitando.

Agradeço ao meu querido esposo, João Paulo, por sempre me abraçar, acalmar minha dor e fazer planos comigo.

Agradeço à minha família de sangue e à do coração, em especial à prima Carine; sem o seu convite, eu não teria despertado para o transbordo.

Agradeço aos meus amigos, cujos nomes não posso citar, mas que sabem o que representam na minha história.

Agradeço a Elis Freitas, que, mesmo sem conhecer, despertou em mim a vontade e a capacidade de escrever. Despertou em mim a vontade de tirar as pérolas do meu coração. De tudo eu sou grata, meu Deus, pela Tua misericórdia, pela paciência em esperar a colheita na hora certa, sei que descansarei ao Seu cuidado.

PREFÁCIO

Caro leitor,

Não pense como uma palavra de teor religioso o que direi a seguir, pois nesta vida podemos ser evangélicos, protestantes, católicos, espíritas, entre outras várias religiões, e até mesmo ateus, mas a palavra com a qual dou início a este prefácio é a mesma que qualquer pessoa possui, o que muda é seu sinônimo: Fé. Tão curta, mas que cria uma ideia infinita de seu significado. A fé não faz sentido, não precisa, ela é apenas e tudo aquilo que dá a força necessária para seguir em frente, mesmo não sabendo o que acontecerá; ela nos dá certezas de coisas que não sabemos. Como neste livro e nesta vida, a fé é simples e pura; basta entendermos que as coisas acontecem porque têm que acontecer; algumas experiências boas, outras nem tanto. Nesse sentido, tente enxergar de uma outra forma "o dia que marcou nossas vidas", passe a entender que aquele dia, talvez escuro, traga uma luz maior no final do trajeto. Após a leitura desta obra, a qual tenho orgulho em falar que foi escrita por minha mãe, espero que tenha, assim como eu, percebido que às vezes, quando entramos em desespero ou ficamos ansiosos com algo, basta nos lembrarmos dessa pequena e simples palavra, Fé.

Bruno Giacomini Grigoletto
Nascido em 04 de novembro de 2002, estudante do curso de Ciências Aeronáuticas , é um filho amado e sempre será o irmão do Inácio!

SUMÁRIO

INTRODUÇÃO 13

O ACIDENTE 15

A AGONIA 17

A MAIOR DAS PROVAS 19

O AUXÍLIO 21

DOR E APRENDIZADO 23

SUPERAÇÃO 25

RECOMEÇAR 27

SEM AMOR EU NADA SERIA 30

ATÉ O FIM 33

EMOÇÃO 36

A ESCOLHA 38

VOLTA PARA CASA 41

A NECESSIDADE 45

A REABILITAÇÃO 47

EMPATIA 49

A SAUDADE 52

RESILIÊNCIA 55

O JULGAMENTO 57

A LIBERDADE 61

PROPÓSITO 65

EU INTERIOR 68

MOMENTOS 72

A ORAÇÃO 77

OBJETIVO 82
A AMIZADE 86
AUTORRESPONSABILIDADE 92
FELICIDADE 93
MISSÃO DE VIDA.. 94
CONSIDERAÇÕES FINAIS 95
FRASES QUE EU MODELO.. 97
ESTUDOS 99

INTRODUÇÃO

O dia que marcou nossas vidas relata o testemunho de Fé de uma mãe que perdeu um filho amado com 8 anos de idade, em um trágico acidente de carro, que colidiu com uma colheitadeira de grãos que estava rodando sem batedores, ilegalmente, em uma rodovia, por imprudência de um proprietário e condutor que não prestou socorro. Relato de detalhes do acidente até o pronto restabelecimento; testemunho de Fé e vontade de viver diante da maior das perdas, relato da transformação de uma família.

Como é grande o meu amor por você

O ACIDENTE

Alegrete, 5 de abril de 2013. Estávamos muito contentes, Bruno, Inácio e eu. Estava levando os meninos de carro para a cidade de Alegrete (RS), onde ficariam o final de semana com o pai — o pai dos meninos residia em Goiânia (GO), e eu em Alegrete (RS), somos divorciados. Seguíamos felizes, cantando *"Como é grande o meu amor por você"*, de Roberto Carlos, sempre cantávamos dentro do carro. Saímos por volta das 18 h. Nesse dia, busquei os meninos na escola às 17h30, passamos em casa para pegar as malas e, logo após, no posto de combustível para abastecer, aproveitei para pegar um achocolatado para os guris, eles adoravam. Saímos em direção à rodovia sentido Alegrete-Rosário, esse era o caminho que eu estava acostumada a fazer mas chegando ao trevo, optei pelo sentido Alegrete-Manoel Viana; eu conhecia o trajeto, mas não costumava ir por essa rodovia. Passando o trevo de São Francisco de Assis sentido Santa Maria, avistei uma luz, que mais tarde soube ser de um caminhão que trafegava no lado oposto da pista, logo o Bruno gritou: *"Tem uma máquina!"*, e eu gritei: *"Segura, filho!"*. Havia uma máquina colheitadeira de grãos rodando na pista, sem sinalização alguma, sem luz e sem batedores; ocupava toda a pista, que já não tinha acostamento largo, e ainda uma parte da pista oposta. A luz contrária do caminhão, acredito eu, contribuiu ainda mais para ofuscar a colheitadeira, um segundo e pensei que, para a direita, cairia num barranco, em frente entraria embaixo da máquina, então optei por direcionar o carro entre a máquina e o caminhão, acreditando que seria menos ruim. Porém, a colheitadeira também estava com o rolo da frente, não tinha por onde escapar, vi que ia colidir, simplesmente segurei no freio. O impacto na colheitadeira rebateu o carro para dentro da pista, e o caminhão nos levou adiante. Escuridão e barulho, acho que perdi por uns instantes os sentidos.

Ter coragem não é ausência de medo, mas avançar apesar do medo.

A AGONIA

Lembro que gemia de dor e escutava os gritos do Bruno: "*Salva minha mãe*". Nesse momento só pensava nos meus filhos, queria salvá-los, mas não conseguia me mover, mal conseguia abrir os olhos. Escutava os gritos do Bruno, mas não escutava o Inácio; não era possível, eu gritava de tanta dor. O carro estava sacudindo, alguém estava tentando me tirar, mas sem sucesso, pois os ferros estavam retorcidos comigo, e o para-brisas, grudado no meu rosto. Algum tempo depois, escutei sirenes, e o socorro chegou; fui retirada das ferragens, mas todo movimento que faziam me causava muita dor, era insuportável. Eu me lembro de falar o número do telefone fixo da casa da minha mãe, repetidamente

Depois de um tempo acho que desmaiei. Acordei já na ambulância, não conseguia abrir direito os olhos, estava muito confusa, senti a tesoura cortar minhas roupas, estava me engasgando no próprio vômito, mas só queria saber dos guris, queria que me falassem que os meninos estavam bem, eu não conseguia falar, estava sentindo muito frio, tudo que lembro são os gritos do Bruno: "*Salva minha mãe*". Ainda escuto a sirene, a ambulância estava me levando, eu sentia muita dor. Um tempo depois, chegando ao hospital de Alegrete, escutei mais pessoas à minha volta, não conseguia ver, mas escutava as vozes, eram pessoas que eu conhecia, mas ninguém falava dos guris. Que agonia, meu Deus! Eu só queria saber dos meus filhos. Fui levada para a sala de exames, e a dor era terrível, não sabia o que estava acontecendo. Escutei a voz da Dr.ª Camila, a reconheci, e ela falou no meu ouvido: "*Leila, estamos cuidando de ti, vai ficar tudo bem*", isso me acalmou um pouco, mas o que eu queria mesmo era saber dos guris. Escutava muitas pessoas, perdi a noção do tempo, sentia tontura, fechei meus olhos.

Colocar em prática o que você aprendeu.

A MAIOR DAS PROVAS

Acordei na Unidade de Terapia Intensiva (UTI), perdi a noção do tempo; nesse momento estava ao meu lado a Dr.ª Simone, fiquei feliz ao ver que ela estava cuidando de mim, pois fomos colegas na adolescência, e meu ex-marido, pai dos meninos. Logo perguntei dos guris, e o Tiago respondeu: *"O Bruno está bem, está se recuperando, mas o Inácio não está nada bem"*. Ele me pediu para rezar, não conseguia dizer que o Inácio não havia resistido. O silêncio tomou conta de mim e adormeci, acho que estava sob efeito de medicamentos. Um tempo depois, acordei novamente, agora com o Tiago e o Bruno na UTI ao meu lado, então os dois me falaram da morte do Inácio. Eu queria gritar e não conseguia, eu queria chorar e não conseguia, eu estava com muitas fraturas. A dor não permitia nem que eu chorasse alto, os soluços me faziam gemer de dor, literalmente engoli o choro, mas por dentro estava destruída. Nesse instante o Tiago segurou o celular no meu ouvido, era a voz da Lívia dizendo: *"Minha filha, não te desespere, Deus sabe todas as coisas"*. Lívia é como se fosse minha mãe, mora em Goiânia e, no tempo que residi em Goiás, foi a pessoa que agiu comigo como uma mãe, me auxiliando, dando conselhos, me amparando em todas as questões; aliás, ainda é. De alguma forma, me dei conta de que sempre tive muita Fé, e, nessas horas que ficamos sem chão, precisamos confiar no Pai. Isso me dá forças, a cada dia que acordo, até hoje. Minha mãe, Odete, sempre nos auxiliou, a mim e a meus irmãos, com relação a acreditar em Deus, e penso que essa é a maior das provas para demonstrar aquilo em que realmente se credita e ter a certeza de que o amparo vem do Alto. Naquela hora que seria de desespero, eu quis, por um momento, fraquejar, mas percebi que a minha força era maior, eu precisava confiar no Pai. Acredito que tudo está nos planos de Deus, e, se, por algum motivo, não é como planejamos, devemos aceitar e procurar nessas adversidades um meio de compreender que tudo é aprendizado, é o caminho que Deus nos proporcionou, e devemos honrar a vida que ainda existe em nós.

Aprender a viver é questão de escolha, de decisão de querer e agir.

O AUXÍLIO

A grandeza existe para aqueles que desejam ser grandes. Querer o bem sempre e ser correto é no que eu acredito. O motorista do caminhão foi o primeiro a acolher o Bruno, que conseguiu sair do carro pelo vidro traseiro, o nosso querido Inácio não resistiu e partiu ao encontro do nosso Pai no momento da colisão. Bruno disse que bateu muito forte a cabeça, viu que eu estava presa e se voltou para ver o Inácio, que estava com a cabeça caída, imóvel. Fico pensando nos sentimentos do Bruno nesse instante, uma criança de 10 anos, agoniada de ver a mãe presa às ferragens e o irmão desacordado. Ele relatou que ainda escutava o barulho do motor do carro ligado e sentia cheiro de gasolina, pensou que o carro pegaria fogo. Que horror, meu Deus! Ele lutou aos pontapés contra o vidro traseiro, por onde conseguiu sair e, correndo, foi ao encontro do motorista da colheitadeira, que não prestou socorro, então seguiu para o motorista do caminhão, que o abraçou e o socorreu em todos os sentidos. O motorista do caminhão se chama José Nilvo; até hoje nos falamos, ele sempre atencioso. E assim apareceram mais pessoas, que foram anjos em nossas vidas. O relato de uma delas foi de que o Bruno estava muito nervoso; enquanto aguardava me tirarem das ferragens, fizeram companhia a ele. Nós fomos levados, em ambulâncias separadas, para o hospital de Alegrete, pois, no hospital de Santa Maria, não havia UTI disponível. Eu estava com múltiplas fraturas e traumatismo, o Bruno com traumatismo craniano leve e algumas escoriações.

Fé é sinônimo de leveza, de entrega e descanso.

DOR E APRENDIZADO

A motivação é ativa, produtiva, e vem da certeza de que o Inácio está bem aos cuidados do Pai, sem medo e confiando no que eu acredito. Eu queria saber como o Bruno soube da morte do Inácio, queria tirar essa dor dele. Relataram-me que chamaram o psicólogo e falaram para ele e que os gritos foram ensurdecedores no corredor do hospital; eu sinto tanto essa dor, mas não posso fazer nada, só posso seguir orando. Rogo a Deus, com todo meu amor, que essa dor fique branda. Passado um tempo, Bruno foi liberado do hospital e ficou sob os cuidados do pai; eu permaneci na UTI por mais 11 dias. Estava sempre consciente, dias que serviram para um choro apertado. A solidão da UTI proporcionou o pensamento de recuperação para voltar a viver, Bruno precisava tanto de mim como eu dele. Eu adormecia e acordava orando, os dias passavam, e eu ainda ali. Sou grata pela minha saúde e a do Bruno e pelo tempo que passamos com Inácio, que acredito estar nos braços do Pai. Entendo que o tempo de Deus é Ele que gere e aceito isso. Sou movida pelas lembranças e pelos risos. O tempo aqui na materialidade, eu preciso administrar, preciso governar a minha vida, não posso querer o desespero, porque somos imagem e semelhança do nosso Pai, então temos que ir em frente, honrando cada momento. Minha mãe e a Lívia me ensinaram o que é ter Fé, inabalável. Independentemente de religião, de crença, ser cristão e ter Fé é acreditar no que não se vê, não tem cheiro nem cor, é ter a certeza de que dias melhores virão, ter sempre na mente que o tempo de Deus é certo e que nós precisamos cuidar enquanto estamos aqui, vivos. O tempo é precioso, deve ser valorizado, devemos produzir enquanto o gerimos e desfrutá-lo com sabedoria, transbordando o conhecimento adquirido e honrando cada momento com sabedoria e gratidão por aprender, fazer, agir, movimentar-se, comer, conhecer e conviver com o próximo, amando e respeitando, porque isso sim é ser feliz.

*As mazelas que nos acometem devem ser analisadas
e honradas com a mudança, com o mover.*

SUPERAÇÃO

Esse é meu próximo nível de crescimento, de evolução; eu jamais poderia me entregar ao desespero. Não é fácil receber a notícia de que seu filho de 8 anos morreu, não é a ordem natural das coisas; espera-se que os pais sigam para a eternidade antes dos filhos, mas nem sempre funciona dessa maneira, infelizmente! Deus é Pai, acredito nessa verdade. Ele cuida de cada filho, aqui e aonde for. A Fé que eu tenho é brutal, ela existe e não me deixa fraquejar, me dá disposição para viver. Deus está comigo e é maravilhoso! Acredito que, se estamos vivos, é porque ainda temos um propósito, ainda não sanamos nossos afazeres. No meu tempo na UTI, estava sempre sob efeito de muitos analgésicos devido às lesões (fratura de bacia, fratura de pelve, fratura de vértebras da região lombossacra, fratura de costelas, fratura de úmero direito, fratura de escápula direita, traumatismo craniano de grau moderado, estilhaços de vidro na face e, ainda, hemorragia na pleura), mas essas dores não eram maiores que a do meu coração. Nunca estive desacordada, permaneci consciente e agradeço aos profissionais da saúde que zelaram por minha integridade física e, principalmente, emocional. Por várias vezes, me perguntavam se eu queria dormir, mas essa tarefa sempre deixava para o momento de dormir. Estava na UTI, no isolamento, mas havia uma janela, e eu ficava ali focada no céu, com meu gurizinho lindo. Ao acordar, pedia para a enfermeira abrir a janela, mas nem sempre era possível; eu avistava o céu e ficava pensando no quão grande é Deus e que precisava me empenhar na minha recuperação, me adaptar, suportar e ser obediente; precisava ser objetiva e viver o processo da melhor maneira possível. Fé, amor e esperança me movem. Somos todos livres e valorosos, tudo que fazemos gera uma reação, e isso tem efeito, gera uma colheita. Penso que preciso ser assertiva. Não posso extinguir os erros na minha vida, mas não posso cometê-los novamente! Sair da zona de conforto é a minha decisão, ter persistência e ser paciente, Deus está me dando uma direção e preciso decidir e entender os sinais, preciso superar e ser grata por estar aqui, tudo posso naquele que me fortalece, não posso temer.

Inspiração produtiva é meu propósito.

RECOMEÇAR

A oração para mim nunca foi uma imposição; sempre foi uma alegria poder orar e confiar, nisso eu acredito. Adormecia orando por mim e pelos meus guris, não conseguia chorar alto de tanta dor física, mas muitas vezes queria gritar de tanta dor no meu peito, mas sempre estive quieta, literalmente. Eu não conseguia me mover, as lágrimas escorriam, ardiam no meu rosto recheado ainda com cacos de vidro, meu choro era sempre interno, mas a vontade de gritar era imensa. Agradeço a cada profissional da saúde que ali estava, todos sempre muito cuidadosos, muitas vezes entravam no quarto, e eu estava chorando, prontamente secavam minhas lágrimas, muitos se emocionavam comigo. Às vezes eu acordava com um beijo de alguém, que falava com lágrimas nos olhos: *"Sinto muito pela sua perda"*. Até hoje me emociono com essas pessoas; quando existe empatia, somos privilegiados. Hoje, quando encontro com alguma dessas pessoas, vem a lembrança dos cuidados, e, se a pessoa não lembra, eu faço questão de falar: *"Te conheço da UTI, tu cuidaste de mim"*. Jamais vou esquecer, posso não lembrar o nome, mas carrego cada um no meu coração. O momento mais difícil fisicamente na UTI era a hora do banho; se eu pudesse, com certeza fugiria. Como tinha múltiplas fraturas, o movimento era de bloco, então eram sempre quatro pessoas na hora do banho, para poder me virar e me movimentar sem causar maiores danos às fraturas; meu corpo estava completamente sem forças de movimento. Para eu levantar o braço, precisava chamar alguém. Que dor terrível, meu Deus! O banho de leito era demorado, para lavar a cabeça era um horror, meus cabelos foram cortados de um lado, porque havia um corte; meu rosto estava crivado de cacos de vidro que aos poucos foram sendo retirados, mas até hoje tenho cacos saindo do meu rosto. Após o banho, eu ficava leve e feliz, porque tinha certeza de que seria medicada para as dores, enfim eu estava flutuando. Sei que era uma dose alta de morfina, era necessário! Assim eram meus dias de UTI. Sei que tem hora de plantar e de colher, que há fases, mas recomeçar é difícil, sair da zona de conforto, ter atitude e decisão de querer melhorar, de não ficar deprimida, seguir novos caminhos sem medo. Como olhar adiante? Não podia complicar as coisas e dar desculpas, dependia de mim, e meus filhos estavam comigo. Bruno me esperava, e Inácio me dava forças, precisava honrar a minha vida progredindo e sabia que a Fé entrava em vigor quando não entendemos o que está acontecendo. Precisava assumir a minha condição.

Ter coragem de dar o primeiro passo,
fazer algo que tem sentido, confiar em mim mesma e sorrir.

SEM AMOR EU NADA SERIA

Uma vez ao dia, recebia visita de uma pessoa da família, e todos os dias permitiam que o Bruno fosse me ver. Que alegria! Eu sempre esperava por ele. Agradeço por essa delicadeza do hospital e dos médicos, de permitirem o acesso livre do Bruno, isso foi um fator importantíssimo na minha recuperação. Acredito que o emocional do paciente é totalmente eficaz na recuperação. Soube que muitas pessoas queriam me visitar, muitos foram até o hospital, mas a prescrição dos médicos era que somente a família poderia me ver. A minha mãe sempre me contava das pessoas que mandavam boas vibrações; ela dizia sempre: "*Meu Deus, Leila, quanta gente ora por vocês*". Sobre isso, penso que o amor das pessoas é uma vibração que contribui para o pronto restabelecimento, é claro que as lesões físicas precisam cicatrizar, mas o emocional é que governa. Alguns amigos muito próximos foram autorizados a me visitar, esses são como irmãos. Muitos profissionais da saúde estavam sempre, literalmente, me olhando, pois sei o quanto gostavam de mim. Apesar da dor física e emocional, as mensagens que chegavam até mim eram um sorriso que eu liberava, e os sentimentos sempre estão antes das ações, então todos que me apoiaram e que oraram em nosso favor contribuíram para nossa recuperação, sou grata a cada um, e muitos eu nem conheço. Quando se é lembrado no coração de alguém, é preciso honrar isso, e não desistir é uma resposta positiva. Precisava ser determinada e fazer o melhor que podia. Naquele momento eu decidi não ficar presa dentro da minha cabeça, decidi sorrir. Não podia, jamais, me sabotar com pensamentos, confiava no meu Deus e entreguei o Inácio nas Suas mãos. Ouvia meus pensamentos positivos. Era preciso ter motivação, aprender, e isso não era opção. Eu precisava me esforçar e evoluir, por isso dizia que aceitava tudo o que me ocorria; não podia me vitimizar, não podia ser preguiçosa. A minha aflição não podia me governar, precisava buscar novas circunstâncias, mudar as ações, transformar minha vida, alterar meu pensamento negativo. Precisava mudar hábitos, ser saudável, ser alegre. Tinha Fé e não podia desistir, tinha confiança nos meus atos. Li um livro chamado *A Boa Sorte*, de Alex Rovira Celma e Fernando Trias de Bes (2004), e com ele aprendi que a sorte está em nossa vontade, em criar as circunstâncias. Quando você decidir ser a causa da boa sorte, será constante. Então, eu decidi naquele momento criar as condições favoráveis, ter paciência e não desistir. Precisava ter resultados na minha recuperação física, sair do hospital, avançar, e assim foi.

*Você não tem controle do que lhe acontece,
mas tem total controle do significado emocional.*

ATÉ O FIM

Tristeza e agonia de não poder velar meu querido Inácio, essa dor não presenciei, mas senti com todo o meu coração. Entendo que os desígnios de Deus são pelo nosso bem, talvez eu não aguentasse tamanha dor. Um dia depois do acidente, recebi na UTI minha querida mãe, que relatou o quão emocionante foi a cerimônia de despedida. Ela contava que havia muitas flores lindas, e eu, me debulhando em lágrimas contidas, devido à imensa dor física, escutava tudo, imaginando cada momento, visualizando cada pessoa, cada abraço. Sinto muito, até hoje, a dor por não estar presente no funeral do meu filho, é indescritível. O relato de pessoas queridas falando da emoção da despedida do Bruno com o Inácio me faz pensar no quão grande é o amor entre irmãos, me faz pensar na importância de aproveitar com leveza a companhia de cada um. Minha mãe falou de todas as pessoas, do meu pai, dos meus irmãos, dos meus sobrinhos, de toda a família, dos tios, primos, familiares que viajaram para prestar homenagem, dos amigos, e disse ainda: *"Leila, como tem pessoas que gostam de vocês, como tu tens amigos!"*. Que alegria poder escutar isso, saber que, na minha ausência, na mais profunda dor, todos permaneceram unidos. Não participar do enterro do meu filho me causa uma agonia até hoje, mas, quando esse pensamento vem à mente, logo penso em algo bom, em alguma lembrança agradável, assim vou levando. Agradeço muito pela minha base, que é Deus, a família que eu tenho e os amigos que cativei. Aqui escrevo com meu coração e espero que este relato possa ajudar muitas pessoas; que esta mensagem, este conteúdo, possa envolver e edificar a Fé e encantar apesar da dor. Quero que cada leitor possa olhar para si e cultivar a sua vida com alegria. Essa coragem que eu tenho de relatar cada detalhe é o antídoto para o medo, escrever este livro é o que me move a evoluir apesar de tanto sofrimento pela ausência do meu querido Inácio; isso me transforma e me cura das dores emocionais. Este é meu primeiro livro. Sempre gostei muito de ler, porém nunca imaginei escrever um livro, mas, como fala o professor Gilberto Augusto, "*Feito é melhor que não feito*", então aqui estou, escritora! Estou dando meu testemunho, concentrando minhas forças nos resultados disso tudo e na ajuda às pessoas que passaram por tamanha dor. Eu vos digo que oro todos os dias pelas mães e pelos pais que perderam seus filhos em tenra idade e em trágicos acidentes. Não é fácil administrar essa dor que teima em ficar aqui dentro do peito, mas devemos focar o acordar, todos os dias, e sorrir mais um dia e agradecer. Não fique inseguro, até mesmo tragédias podem ser transformadas em lições positivas, essa situação pode melhorar sua capacidade, sua força. Eu não escolhi ficar e viver na tragédia, eu escolhi ter empatia pelas pessoas e, assim, recarregar as minhas pilhas, não vou sabotar a minha vida. Acredito que uma situação difícil deve ser enfrentada, deve ser vista como realmente é, extinguir os preconceitos e o medo, agregar valor apesar da dor. É preciso libertar-se das amarguras, decidir seguir em frente. Em primeiro lugar, precisei ter humildade e reconhecer minhas imperfeições; descansei a minha mente e comecei a me dar conta de como minha vida era, isso é importante para qualquer ser.

*A decepção na nossa vida nasce da
desarmonia entre expectativa e realidade.*

EMOÇÃO

Minha mãe, enquanto me contava do velório, permanecia muito emocionada, sei o quanto foi doído relatar o sepultamento do seu querido neto, acredito que também foi necessário eu ver tanta força em um exemplo de mulher; dizem que sou parecida com ela em muitos aspectos. Minha mãe é uma mulher forte, está sempre sorrindo e é sempre atenciosa com qualquer pessoa que a chame; sua disposição é exemplo, e sua Fé é inabalável. Na UTI era difícil, me sentia escassa de forças, mas queria tanto sair do hospital que aos poucos fui me recuperando. Bruno, apesar de ainda estar hospitalizado, foi levado de ambulância para se despedir do seu querido irmão; sou grata por terem tido essa sensibilidade e carinho com ele. Dizem que as palavras dele para o Inácio foram uma declaração de amor, onde o Inácio estiver, tenho no meu coração que ele está sempre juntinho do Bruno, amparando-o e encorajando-o a uma vida futura de êxito. Os guris sempre foram muito amigos; apesar de muitas briguinhas de irmãos, estavam sempre se protegendo, não ficavam longe um do outro, cada momento deles foi vivido intensamente, eram muito alegres e parceiros. A diferença de idade de um ano e meio fazia deles inseparáveis, até as roupas eram divididas, mas os brinquedos eram diferentes. Bruno sempre gostou de brinquedos grandes, mas Inácio sempre quis os pequenos e minis, ainda tenho alguns comigo; sempre que vem uma criança aqui a casa, ofereço os brinquedos para se divertirem, é um orgulho para mim ofertar os brinquedos do Inácio. Memórias boas são uma benção na vida da gente, devemos usufruir de cada momento com alegria e honra, pois são esses bons momentos que preservam nossa saúde mental. Viver com bom humor era uma frase que meu avô Bonfilho sempre falava, e hoje entendo o significado, que, apesar de todas as tristezas que nos acometem, devemos, sim, sempre ter bom ânimo, porque ainda estamos aqui vivos. Respiro fundo, sinto meus sentimentos e descubro a força das emoções positivas, não quero gastar a minha energia com aflições, quero transparecer coisas boas, porque sei que tudo que eu faço, a maneira como me porto, como é a minha fala, tudo isso comunica aos outros, e quero transmitir o que é bom.

O pensamento positivo gera a expectativa positiva e tudo se transforma.

A ESCOLHA

Algum tempo depois do acidente, soube de alguns detalhes, como quem escolheu a roupinha do Inácio para o sepultamento, que foi uma grande amiga, a Sabrina, e o pai dos meninos. Ela relatou a roupa que escolheu, uma camisa listrada de que o Inácio sempre gostou. Meu querido Inácio faria 9 anos no mês seguinte, dia 12 de maio, esse dia foi muito sofrido; as datas especiais são sempre muito tristes, mas procuro manter a serenidade. Meus pensamentos estão sempre voltados para os risos junto do Inácio, ele é um anjo nas nossas vidas; pensar que a vida física dele acabou é sempre, em qualquer momento, desde o acidente até hoje, como se eu sentisse uma câimbra no meu peito; imediatamente sinto essa dor, então respiro e mudo os pensamentos, fico calma e me lembro dos bons momentos. Uso a sensação da visão, de voltar e me sentir abraçada e acarinhada por ele, das suas palavras me chamando de "minha beija-flor", sua essência está sempre presente. Confesso que a oração é minha melhor amiga, é na conversa com o Pai que encontro conforto, sempre oro agradecendo, abro meu coração e peço forças para não fraquejar, levanto da cama, todos os dias, e quero sorrir, assim eu faço! Falo para mim mesma que sou feliz, sou abençoada e amada! Quero continuar com aquela saudade mansinha e a certeza de que devemos seguir em frente; se estou viva é porque tenho um propósito a cumprir. A Fé que tenho é o que me dá conforto. A cada dia na UTI, eu pensava: "*só mais um dia*"; e mais um dia de exames, muitas dores ainda, cada movimento na sala de RX era uma dificuldade, uma exaustão, mais dores, aumento de morfina, e ainda, mais dias na UTI. Após 11 dias, fui para o quarto, fiquei quatro dias e obtive a tão esperada alta. Recebi a visita do médico, e ele disse com palavras firmes: "*Leila, aqui no hospital tu estás protegida, mas vai sair e precisa ser forte*"; entendi as palavras, realmente precisava ser e estar forte emocionalmente. Precisei despertar a minha consciência, ter a capacidade de lidar com as pessoas e, principalmente, comigo mesma, havia chegado o momento tão esperado de enfrentar cada dia e pôr em prática a minha Fé. Eu precisei compreender diferentes pontos de vista e entender a minha jornada, o meu perfil e seguir em frente. Precisei entender o meu comportamento e, sobretudo, o dos outros, somos únicos, e cada um tem um ritmo, cada ser tem um estilo e um jeito. Descobri que a plenitude deve ser encontrada na nossa consciência, principalmente nos ouvindo.

A confiança gera transformação, e o progresso é alcançado.

VOLTA PARA CASA

Com muitas restrições e ajuda de profissionais da saúde, família e muitos amigos, voltei para casa. Os cuidados eram intensos, precisei de enfermeira por três meses, e tenho de citar esse exemplo de profissional, a Mitiele, que estava sempre atenta; cuidou de mim com zelo e dedicação, jamais ignorou minhas dores, sabia das minhas limitações e, principalmente, das minhas emoções. Lembro cada minuto com ela, cada movimento era uma luta para mim, eu usava fraldas, e cada troca era uma evolução, até mesmo brincadeiras eu conseguia fazer. Na época, aqui no Rio Grande do Sul, era inverno, então fazia muito frio; lembro que fazia xixi na fralda e falava pra Miti: "*Não troca ainda porque tá quentinho*", e caíamos na risada. Conseguir ir ao banheiro, ainda que de cadeira de rodas, era uma evolução, eu ficava realizada; o banho, por um bom tempo, foi sentada na cadeira de banho, mas era embaixo do chuveiro, ali eu ficava, e como era bom; curtia cada momento da minha recuperação. Nessas pequenas coisas que sentia a alegria de estar viva. Estar ciente de que tudo que fazemos é por vontade do Pai, está aí a chave para a felicidade, valorizar cada momento que se respira, respeitar e abraçar cada pessoa que está ao seu lado, não importa se é um trabalho ou voluntariado, o que importa é o quanto há de doação. A Mitiele é um anjo na minha vida, e agradeço, todos os dias, por ela, que ficava comigo um turno do dia; no restante do tempo, minha família e amigos se revezavam nos meus cuidados. Também não posso deixar de falar de uma pessoa muito especial, que trago no meu coração e a quem sou grata por cada momento; uma fortaleza de mulher, que eu chamava carinhosamente de tia Nelcinda. Ela não reside em Alegrete, mas, quando soube da minha alta, prontamente se deslocou de Santa Maria (RS) para ajudar a me cuidar, com seus 80 anos. Fazia as minhas refeições com muito amor e sabor. Tia Nelcinda é uma tia do meu coração. Em casa, recebia muitas visitas e amor, mas muitos dias eram de choro, e é preciso também respeitar essa emoção, mas sempre foi um choro mansinho, um choro com calma. Precisei de fisioterapia, todos os dias, tinha de me movimentar, mas as dores ainda eram muito fortes. Comecei com pequenos movimentos, dos braços, depois das pernas e, em três meses, comecei a andar no andador, mas eram pequenos passos de dois a três metros por dia; era o que eu conseguia. Aos poucos fui aumentando a distância, até que venci a distância do quarto até a sala; foi uma alegria sentar no sofá para descansar, tomar fôlego novamente e retornar ao quarto. Isso era uma vitória, e, com a ajuda da minha fisioterapeuta, Silvana, venci mais uma etapa; sou grata por essa profissional dedicada, cuidadosa e competente. Mais uma fase que ia ficando para trás, já não tinha lesões na pele, com isso pude seguir o tratamento no Hospital Sarah Kubitschek, em Brasília, onde consegui vaga. Esse hospital é referência em coluna. Segui para Brasília muito feliz, apesar das dificuldades de locomoção; com a ajuda da família e dos profissionais, deu tudo certo. A primeira internação foi de 18 dias, no mês de fevereiro de 2014, com muitos exames e tratamento conservador, porém sem sucesso. Durante a minha internação no Sarah Kubitschek, precisei ficar sem acompanhante, pois a norma do hospital permitia acompanhante somente para menores de idade ou idosos, mas isso não me preocupou, pois toda a equipe desse hospital, que é referência mundial, era como se fosse da minha família. Todo o tratamento lá foi uma alegria, as refeições eram servidas lindamente; nos momentos vagos, tínhamos oficinas de aprendizagem para quem quisesse participar, como artesanato, culinária, pintura, sessão de cinema, e ainda havia o horário de visitas de 15 minutos por dia. Sempre recebia visitas de alguns amigos que residem em Brasília, amigos esses que foram muito prestativos, atendendo a qualquer necessidade minha. A cirurgia seria necessária e, em 24 de abril de 2014, foi realizada com sucesso. Quinze dias depois da cirurgia, eu já estava caminhando sem andador e sem bengalas. Certo dia, recebi uma visita muito especial da Lívia e do Zeca, e, nesse mesmo dia, diante deles eu voltei a caminhar. Foi muito emocionante esse momento, que trago na minha memória com muito amor; sou grata por suas vidas. Em Brasília, recebi o acolhimento de pessoas incríveis, que são para mim uma segunda família, o Cel. Gilberto Airton Zenkner e sua esposa amada, Sra. Giselda Zenkner, família querida que até hoje me acolhe e me ajuda sempre que preciso.

Minha eterna gratidão a vocês! Tenho alguns amigos em Brasília, e uma amiga especial, e comadre, Maria Clara, estava sempre presente nas visitas; a Nilva, pessoa incrível e prestativa, não media esforços no que fosse necessário. Algumas sequelas permanentes ainda me acompanham, mas faço todos os procedimentos solicitados e sigo em frente com bom humor. Devido a tais sequelas, serei sempre paciente do Hospital Sarah Kubitschek, as consultas e os exames ocorrem uma vez ao ano, e volto sempre com alegria e felicidade em rever tantas pessoas que me ajudaram, que zelaram por mim. Tenho certeza de que fizeram tudo por amor, sempre estive rodeada de muito carinho e de pessoas com bons pensamentos; isso faz a diferença.

Certeza de que, em algum momento, você vai parar.

A NECESSIDADE

Voltando aos dias após o acidente, depois da alta hospitalar de Alegrete, eu achava que não teria condições físicas para cuidar do Bruno, então pedi a ele para ficar com o pai, que reside em Goiânia, até eu me recuperar, até obter literalmente mais força física, porém confesso que me arrependo. Eu agi por impulso, não pensei no meu estado emocional nem nos sentimentos do Bruno, deveria ter ficado juntinho dele para nos fortalecermos emocionalmente; senti muito a sua falta. Peço perdão, filho, por isso. Ficamos três meses separados, eu realmente sinto muito. Entendo perfeitamente o que é ser forte, nunca pensei em desistir, meus filhos Bruno, aqui comigo, e Inácio, junto do Senhor, precisam do meu amor, da minha disposição, assim faço todos os dias da minha vida e enquanto eu viver, acordar e orar, sorrir e seguir. Sou imagem e semelhança do Pai Nosso Senhor. Não penso nas minhas lesões nem na dor física, mas a morte de um filho não é a ordem natural das coisas. Maria também perdeu seu filho na cruz, foi firme, forte e jamais deixou o desespero chegar perto, seguiu com passos firmes. Aceito e quero dar bons frutos, dar exemplo, não posso e não quero fraquejar; preciso progredir nos meus atos e prosperar. Sempre estive rodeada de pessoas amigas, com bons pensamentos, e a capacidade de lidar com isso, aprendi que não depende dos outros, e sim de mim mesma. Encontrar, dentro do meu ser, a plenitude, ter consciência e servir com todo meu coração, ter princípios para uma vida digna, ser honesta, íntegra, ter riqueza espiritual, é tudo que eu preciso. Precisei aclarar meus pensamentos para direcionar o Bruno, que, com apenas 10 anos de idade, vivenciava uma carga bem pesada. Naquele momento precisei ser clara com ele, ter a sensibilidade e me adaptar com muita paciência e amor. Precisei fazer diferente, e nosso crescimento viria dessas novas experiências, dessa nova fase. O medo não teria espaço em nossas vidas nem as desculpas, o meu desejo de vencer era maior que a minha dor, e o amor pelos meus filhos me impulsionava a ir em frente.

*O sucesso deixa pegadas,
e é preciso estar ao lado de pessoas que nos inspiram.*

A REABILITAÇÃO

Estar num ambiente de recuperação requer sempre bons pensamentos, jamais alguma pessoa, ao meu redor, deixou transparecer sentimentos de lamento; sempre me senti motivada e sei que isso foi salutar para minha recuperação. Passei meu aniversário, no dia 8 de fevereiro de 2014, hospitalizada no Sarah Kubitschek, mas, em nenhum momento, me senti só, pois esse hospital, além de ser espetacular, se preocupa com a fragilidade do paciente. Nesse dia ganhei bolo e parabéns dos funcionários, essa delicadeza deveria estar presente em todas as instituições de saúde, pois faz a diferença na vida de cada paciente. Independentemente do que for, gentileza é essencial, gera sorrisos, e a recuperação é perfeita; lembrando que o Hospital Sarah Kubitschek é gratuito. Também tinha o dia do turismo, quando os pacientes em tratamento conservador eram levados em um ônibus para conhecer Brasília. Atividades assim são importantes para que os pensamentos de desânimo não se aproximem; o dia era todo preenchido com afazeres. Tenho o privilégio de ser paciente do Hospital Sarah Kubitschek, tenho, ainda, que relatar que o contágio da positividade é renovadora, a paz que transborda tem o poder de nos ativar para agir em nosso favor. Eu sou responsável pela vida que levo e muito me questiono sobre a prática dos meus planos, principalmente depois de uma tragédia. Preciso ser exemplo para o meu filho Bruno, tenho que ter equilíbrio, minha atitude diante do irreversível vai ditar minha trajetória, e não quero que seja para o pessimismo, para o rancor, para a lamúria. Penso que fomos criados por Deus para uma vida abundante. Acredito que as dificuldades nos impulsionam e devemos focar os momentos bons, os ruins são sentidos. Não devemos jamais permanecer com esses pensamentos, que sirvam somente para nos fazer sentir vivos, para valorizarmos cada pedacinho da nossa existência. Aprendi a ver o lado positivo de cada fato; mesmo diante da maior das perdas, acredito e visualizo que não existe melhor cuidado que do nosso Pai Celestial, e eu entreguei meu filho Inácio em suas mãos.

É preciso saber para onde está indo, mesmo sem nunca ter estado lá.

EMPATIA

A dor de perder um filho é indescritível, descomunal, não se pode medir! Uma mãe, independentemente de idade ou condição, jamais deveria passar por isso; tenho muito respeito por cada uma que já passou, mesmo sem conhecê-las. Por isso aqui estou fazendo este relato, porque preciso, de alguma maneira, ser solícita com cada uma, dizer que você, mãezinha, é muito amada por nosso Pai. Não deixe o desespero se aproximar. Oro, todos os dias e enquanto viver, pelas mães que perderam filhos, principalmente em condições trágicas e em tenra idade; sei que muitas não têm discernimento, mas têm meu respeito. Devemos, sim, ter empatia, nos colocarmos no lugar de cada pessoa e parar de dar desculpas, de reclamar. Eu precisei seguir em frente, dar condição psicológica para o Bruno, que, com 10 anos de idade, perdeu seu melhor amigo e irmão. Várias vezes nos amparamos no choro contínuo sem falar uma só palavra, várias foram as vezes que me deparei com ele pensativo, triste e com os olhinhos mareados. Meu Deus, que dor interminável! Vontade de arrancar esse sofrimento do Bruno, mas infelizmente precisamos nos fortalecer. Rogo a Deus a cada dia, imploro aos Anjos que deem forças para ele superar tamanha dor. Eu queria suprir essa falta, mas não é assim, entendo que cada um tem sua dor, não se pode medir, e não há outra saída que não seja de união. Juntos superamos e seguimos, estamos aprendendo e precisamos acreditar no que é melhor, precisamos nos tornar pessoas salutares, mesmo com a memória do passado inesquecível, ir em busca de crescimento e refletir sobre nossas vidas. Ouço meu pensamento com o coração e crio uma visão do que eu quero de um futuro próspero, alegre e sem lamúria. Eu decido isso, todos os dias, ao acordar, ao superar com verdade, sentindo e confiando em Deus. A minha tranquilidade é libertadora, e assim vejo o bem oculto nas coisas que parecem ser ruins; hoje valorizo mais, amo mais, sou mais útil. Viver com excelência é prioridade. Tenho muitos pensamentos e visões que desejo transbordar na vida das pessoas depois do que passei e quero muito compartilhar minhas emoções com você. Tudo que eu faço, procuro fazer sempre melhor, com qualidade e sem complicar, administrar os bons e maus momentos passou a ser realidade, sem negligenciar a verdade, com humildade e sensibilidade.

Momentos e recordações, um dia após o outro com muito amor.

A SAUDADE

Estamos passando por essa dor interminável da saudade física, a certeza de que o Inácio não está mais no plano físico. Queríamos poder abraçar, cheirar, beijar, então é preciso engolir o choro, voltar para a realidade, e isso não é fácil! Ver o Bruno desesperado, sofrendo pela perda do irmão, do companheiro de brincadeiras, do futebol depois da escola na pracinha dos patos, as briguinhas de irmãos, os deboches e piadas, cada brincadeira é lembrada com carinho, com muita saudade, dois filhos muito amados e queridos. Sou grata e preciso aqui dizer onde os meninos estudavam, o Colégio Divino Coração, que amparou o Bruno, desde o início, sem medidas, apoiando, incentivando, cobrando disciplina e foco nos estudos. A volta do Bruno ao colégio foi emocionante, colegas dele e do irmão, a diretora, os professores e funcionários da instituição o receberam com alegria, cartazes de boas-vindas, de bom retorno e apoio. Não foi nada fácil para ele retornar ao lugar onde eles estudavam e compartilhavam as mesmas brincadeiras, por isso sou grata a cada um dos colegas do Inácio, que abraçou o Bruno com muito carinho. Eles não tiveram medidas para confortá-lo. Certa vez, fui ao colégio para receber da professora do Inácio seu material escolar e, com muita emoção, fui acolhida por eles; abracei esse material como se ali estivesse o meu Inácio, tenho essa memória presente na minha visão e guardo, com muito carinho, as últimas atividades e parecer do Inácio. A prof., como ele chamava, sempre foi muito querida e sempre será lembrada por mim com muito amor e gratidão. Hoje o Bruno está com 20 anos, concluiu o ensino médio, obteve aprovação no vestibular, segue seu caminho com dedicação e muita vontade de viver. O tempo foi passando, já se foram quase dez anos desde o dia que marcou nossas vidas, mas não tem um dia que amanheça que eu não pense no Inácio; acordo e durmo pensando nos meus filhos, vai ser assim sempre, orando e agradecendo por eles. Aprendo, todos os dias, que é só mais um dia e, a cada novo amanhecer, me convenço de que é preciso viver com humildade, ter a simplicidade de uma criança, fazer cada dia com bom humor, não deixar o olhar triste e os pensamentos impróprios tomarem conta do meu semblante. Somos perfeitos perante os olhos do Pai, então podemos ir e vir, conseguir o que quisermos, basta acreditar e ter Fé, confiar nas próprias ações. Às vezes erramos, mas saiba que não devemos errar nas mesmas coisas, o erro serve para nos alertar de que não podemos seguir por aquele caminho. Já errei muitas vezes com meus filhos, mas penso que não posso mais errar, que meus filhos zelam por mim, um aqui e outro de lá; nosso tempo é curto. O que quero é deixar para o Bruno ricas lembranças de dias felizes, que passamos e ainda vamos passar juntos.

Transforme a sua visão para superar os desafios.

RESILIÊNCIA

Não menosprezo a dor alheia, problemas todos têm, e cada um sabe a dor que sente, o que para alguns não é nada para muitos pode ser horrível. Porém, confesso que, dependendo da situação, fico inquieta, respiro e penso que não é problema meu ver pessoas reclamando de "coisas", mas logo vem a minha visão sensível e a empatia que todos deveríamos ter, que é a capacidade de se colocar no lugar do próximo. Tento ajudar da melhor maneira possível. Ninguém é obrigado a saber que eu sou a mãe do Inácio, que perdi meu filho de 8 anos, em um acidente, e que isso não tem resolução, mas confesso que tenho vontade de gritar isso para todos ouvirem que nenhuma mãe de filho morto está só, estamos todas unidas pela mesma dor. Que a Fé nos dê forças para continuar, que a saudade seja sempre mansinha, sem raiva, porque esse amor não merece fúria. Eu quero falar às pessoas cheias de "mimimi" que parem de complicar as suas vidas, que olhem para seus momentos e agradeçam por estarem passando por algum problema, porque problemas têm soluções, por meio do agir, do fazer; problemas nos impulsionam para frente, para o crescimento. Como eu posso agir diferente, lutando contra os meus medos. Não tem como eu esquecer o que aconteceu, não tem como eu resolver essa situação, só me resta aceitar, e muitos estão na lamúria por "coisas", isso é irritante, mas estou paciente, porque Deus sabe todas as coisas, e, no momento certo, a colheita vem. Desde o dia 5 de abril de 2013, nossas vidas foram afetadas, não somente o núcleo familiar, mas muitas famílias. O Inácio era uma criança encantadora, um ser que nem na bronca, de que às vezes precisava, ficava chateado, dava de ombros, e que ainda hoje me ensina muito. Ficar chateado para ele era irrelevante. Em muitas situações hoje, me lembro de como o Inácio faria, então é isso, cuidar da minha própria vida; problema que não é meu é dos outros, não cabe a mim resolver ou me preocupar, hoje eu estou disposta a ser feliz. Educar uma criança não é fácil; quando eu precisava dar bronca no Inácio, ele escutava e, tudo bem, tranquilo, aceitava sem lamento. Quanta saudade eu sinto, e ainda vou sentir! Hoje me posiciono como a mãe do Bruno e do Inácio, e isso é para sempre. Bisavós, avós, tios, primos, pais, irmãos, amigos, amigos dos amigos, conhecidos da família, mas, sobretudo, as mães, todos ficaram condoídos. Aquela frase que diz *"quando uma mãe perde um filho, todas as mães perdem um pouco"* é real e verdadeira; cada mãe que sei que perdeu seu filho, às vezes mais de um, me dói imensamente. O luto certamente deve ser respeitado, vivido, mas não coloquem prazo nisso, para cada pessoa é diferente. Dizem que o luto deve ser pranteado, por um tempo, para que tudo se acomode, mas digo que o luto pelo Inácio vou viver todos os dias da minha vida, a cada abrir de olhos. Eu sei que ele não vai voltar, tenho direito de chorar por ele, todos os dias da minha vida, mas escolho que seja um choro de saudade com serenidade, sem revolta. Aceito essa condição e acredito, com todo meu coração, que o Inácio está amparado pela espiritualidade superior. A resiliência, na minha vida, não é imposta, é vivida plenamente, significa demonstrar gratidão ao Criador por estarmos aqui vivos. Precisamos honrar isso, evoluindo e fazendo sempre mais, aprendendo e transbordando o que se sabe, gerando valor na vida das pessoas, por meio do exemplo, superando as dificuldades e as dores sem vitimismo. É necessário acordar para a realidade, não fugir da responsabilidade, não adiar o compromisso, que é nosso e de mais ninguém. Você precisa decidir a sua vida, porque, enquanto estiver adormecido, esperando por alguém, a sua vida não mudará, as suas vontades não se concretizarão, pois tudo é ação e reação. Eu despertei para o mundo real, hoje eu tenho uma visão clara de onde quero chegar, estudo todos os dias, quero ser uma pessoa melhor, peço ajuda quando preciso, procuro me aconselhar e sei que não estamos só. Tenho Fé no futuro, mas preciso agir agora, trabalhar de forma inteligente, planejar as coisas corretamente, executar e, se der errado, corrigir o erro e não errar nas mesmas coisas. Penso que, se eu for fazer algo, devo ser eficiente, com qualidade e excelência. As pessoas me perguntam como posso ser assim depois de tudo que eu vivi, justamente por isso, devo ser assim, por mim e por todos à minha volta; a minha motivação vem da esperança que eu tenho em dias melhores. Mova seus pés, esteja disposto a progredir! Visão e esperança são concretas e precisas em meu pensamento; com clareza e discernimento do que eu quero, assumo meus compromissos. Ser feliz traz benefícios à minha saúde, eu não posso fraquejar nesse propósito, a minha alegria é sincera, e a persistência é duradoura.

O JULGAMENTO

O acidente foi muito traumático, com várias consequências e sequelas. O condutor e proprietário da colheitadeira não prestou socorro, inclusive se retirou do local sem nenhuma lesão; simplesmente foi embora com uma carona. Diante da perícia criminal e de várias outras questões, foi devidamente julgado depois de sete anos. Novembro de 2019, às 9 horas, se deu início ao julgamento, em São Francisco de Assis (RS), cidade local do acidente. Mais uma vez, Bruno e eu tivemos que relembrar cada momento daquele que foi o dia mais triste de nossas vidas, fomos levados pela minha tia Elisete, minha mãe e meu esposo; fomos amparados por eles e pelo tio Luiz, que, com seus quase 90 anos, não nos deixou, em nenhum momento, e ainda nos tirou sorrisos. O tio Luiz reside na localidade e fez questão de nos acompanhar, compadecido com nossa dor, e claro, meu advogado, que foi incansável e muito carinhoso com toda a situação. Dr. Daniel Tonetto, com sua experiência e provas, nos defendeu e emocionou a todos que ali estavam. Pontualmente, às 9 horas, começou o julgamento, chegamos às 8h30 ao fórum, com muita ansiedade. Já no primeiro momento, no corredor, tivemos contato com o motorista do caminhão, que muito emocionado se identificou, nos abraçou demoradamente, reconheceu o Bruno, que na época era uma criança de 10 anos, eu agradeci a ele, agora pessoalmente, pois foi ele quem abraçou o Bruno assim que ele saiu do carro, foi para ele que o Bruno pediu socorro. Que emoção ao abraçá-lo e poder lhe falar muito obrigada! Eu já havia falado com ele por telefone, mas não o conhecia. Várias pessoas estavam no corredor, muitas de localidades próximas a São Francisco de Assis foram assistir ao julgamento, que era aberto ao público, pois foi júri popular. Todos entraram na sala de julgamento, menos as testemunhas. O primeiro a depor foi o Bruno, e não pude estar com ele nesse momento de angústia, pois eu também era testemunha; de novo eu estava muito agoniada, mas confiante que tudo daria certo. Após o Bruno depor, foi a minha vez. O juiz me chamou, e me sentei bem na frente dele; à minha esquerda, estavam os jurados — eram sete pessoas — e, à minha direita, estava o réu e seu advogado. A emoção que eu sentia foi misturada com dor e alegria de tirar um peso que havia em meus ombros, de dever cumprido; estava aliviada, pois precisava olhar para a pessoa que causou o acidente. Várias perguntas foram feitas, a todas eu respondi conforme a lembrança, e foi renovador estar ali; percebi naquele momento que não havia mais nenhum tipo de sentimento de ódio ou raiva por aquele senhor, mas confesso que foi muito triste. Esse sentimento de ódio também estava consumindo o Bruno, inclusive, eu tinha receio dos seus atos diante do réu, mas ele precisava desse desabafo, queria depor, queria relatar ao juiz, ao júri popular, a todas aquelas pessoas que ali estavam o que havia acontecido naquele dia. Eu me acalmei quando vi, nos seus olhinhos, o conforto da justiça feita, parece que seus ombros relaxaram, a compaixão nos acometeu. Independentemente disso, um crime foi cometido, a justiça dos homens precisava ser cumprida, e a de Deus é certa, isso que sempre deu serenidade à minha vida: ter certeza de que a justiça Divina chega, mais cedo ou mais tarde, e mora dentro de cada pessoa. Após meu depoimento, o juiz permitiu que eu permanecesse no recinto ao lado do Bruno, desde que me mantivesse quieta, sem revolta, assim o fiz. Por várias vezes, durante o julgamento, eu tive vontade de falar, mas não podia. Eu nunca havia participado de um júri popular, somente via em filmes, e é igual. O Bruno e eu sempre de mãos dadas, meu querido esposo, João Paulo, também, sempre me apoiando e me abraçando; não foi fácil estar ali diante de tantas pessoas, mas foi necessário! O tio Luiz, que estava presente — ele é tio-avô do meu esposo —, que pessoa incrível, disposto, muito atencioso, nos fazia rir com a sua sinceridade e simplicidade; mais uma vez, pensei no que meu avô falava: "*sempre com bom humor*", é assim mesmo. Na pior das situações tenha sempre bom humor, fica menos pesado; não tem problema abrir um sorriso diante de uma situação difícil, pois existem boas lembranças que precisam ser expostas com alegria; as lembranças não marcam hora para surgirem, elas simplesmente acontecem. Em meio à tristeza, surge aquele sorriso, isso é amor, é vida. Muitas horas se passaram, os advogados continuavam, várias provas foram expostas, mas a perícia foi unânime, não havia o que dizer sobre o acidente, era incontestável a culpa, isso eu precisei aceitar, o meu gurizinho lindo não vai voltar! O julgamento chegou ao final às 17h30, e o réu foi condenado sem direito a fiança; o júri popular foi unânime, mas tudo isso é muito triste. Sou grata e oro todos os dias pelos meus advogados, que tenham sempre clareza nas situações em defesa dos outros, Dr. Daniel Tonetto, Dr. Alexandre Martini, junto de toda a equipe MMT Advogados Associados, contribuíram na defesa, e ainda hoje me apoiam na busca pelos meus direitos e do Bruno. Quero deixar claro que, mesmo diante do profissionalismo, são pessoas que têm o coração gigante e sempre tiveram uma palavra de carinho e conforto comigo e com o Bruno.

Fazer o melhor sempre, e não apenas o possível.

A LIBERDADE

O alívio e a tranquilidade tomaram conta do meu semblante, fiquei muito feliz quando o Bruno me falou que não sentia mais raiva por aquela pessoa. Eu sofria por esse sentimento de ódio que tomava conta do meu filho, a raiva nos trava, não nos permite prosperar em nenhuma área da vida. Remova o ódio do seu coração, jamais busque vingança, pois o perdão liberta, e essa escolha deve ser vivida e sentida. Encarar as adversidades e reerguer-se. Ficamos paralisados ao ver o réu ser algemado, levado para a cadeia, pois, apesar de tudo, somos seres humanos, e todos temos família, aquele senhor também tem esposa e filhos. Em nenhum momento, ele pensou que poderia causar um acidente com aquela colheitadeira, simplesmente saiu trafegando pela rodovia ao entardecer, justamente para a fiscalização não ver, é assim que acontecem os acidentes. Essa pessoa só pensou nela, nos seus ganhos materiais, na sua produtividade, independentemente de ter família, não pensou nem mesmo na própria, porque poderia ser um neto seu no lugar do meu Inácio. A ganância tira a integridade e o fez agir, esses atos impensados afetaram muitas famílias, inclusive a dele mesmo. Quando se faz qualquer coisa para conseguir algo, perde-se o valor moral, a generosidade é deixada de lado, e a arrogância torna-se ativa, estamos aqui e não vivemos sozinhos, precisamos, sempre, uns dos outros. Eu não tenho raiva, é só um desabafo, mas não me compadeço da idade do réu, pois deveria ter sido mais prudente, justamente por ser mais experiente em termos de idade; a lei é clara quando fala sobre isso, todos devemos cumpri-la. Hoje, o Bruno e eu estamos tranquilos de que a justiça foi feita, e a gratidão me contagia cada vez mais. Desde o nascimento, precisamos uns dos outros, devemos sempre valorizar cada pessoa e ter humildade na busca pela sabedoria, ser aprendiz, a todo instante, e transbordar o que se sabe, compreendendo que nossas atitudes e nosso comportamento geram reações. Às vezes alguém pergunta: "*Será que o fulano ainda está preso?*". E eu respondo: "*Não sei, só penso que a decisão do juiz foi positiva, agora não me interessa mais, a consciência de cada um é o que conta".* A pior das cadeias acredito que seja a nossa mente, a culpa deve ser terrível; espero que esse senhor perdoe a si mesmo, porque penso que quem não tem amor-próprio não tem como transbordar na vida de outras pessoas, não tem a liberdade que a sabedoria nos traz; isso tudo demonstra a falta de autorresponsabilidade. Meu advogado, Dr. Daniel Tonetto, foi incansável, com um diálogo sensível que emocionou a todos, independentemente de lado. Apesar de me sentir triste, foi comovente ver a emoção das pessoas, que simplesmente estavam sentindo empatia por mim e pelos meus filhos. Situação bem complicada, mas foi renovador saber que as pessoas têm essa capacidade de se colocar no lugar do próximo, esse é um sentimento nobre que nos faz crescer e nos transforma em pessoas melhores. Dr. Daniel Tonetto, desde o acidente, sempre me preveniu que o julgamento demoraria para acontecer, no mínimo cinco anos, eu sempre mantive a Fé de que, no momento certo, tudo aconteceria; sempre fui informada do que era necessário, tenho certeza de que muito fui poupada emocionalmente, da burocracia que é um julgamento, Dr. Daniel Tonetto sempre resolveu tudo, com dedicação, cautela e profissionalismo. Saímos do fórum, após o término, e, por algum tempo, ainda permanecemos na frente do prédio, conversando um pouco. Como já relatei, o tio-avô do meu esposo é da cidade local, e ficamos ali rindo um pouco para descontrair. O tio Luiz nos abraçou e nos fez rir muitas vezes durante o julgamento, isso nos trouxe leveza e simplicidade diante do que poderia ter sido traumático. Hoje, quando me perguntam sobre o julgamento, a primeira coisa que lembro é o tio Luiz. Estou relatando esse fato porque quero que entendam que nós moldamos, na nossa memória, o que quisermos, um evento pode ter o peso que for, é você que decide. Eu poderia relatar somente as tristezas do julgamento, mas quero lembrar os momentos bons; de algum modo, nem tudo foi ruim. Eu amo lembrar a simplicidade do tio, que, com sua modéstia, nos ensinou muito, o valor de uma amizade, o abraço fraterno de pai, de avô, coisas simples que faz tudo ter sentido. Também quero relatar que o Bruno tirou a raiva do coração, transbordou de compaixão, isso é benéfico, precisava ser assim. É libertador! Tenho conhecimento hoje de que o que eu faço com satisfação é um talento, e isso deve ser monitorado e valorizado, devo avaliar e ter responsabilidade sobre meus atos e procurar sempre pelo primor. O que eu fizer deve ter importância, deve ter significado, e decido ser assim, logo vem o reconhecimento. Li *O Cavaleiro Preso na Armadura*, do autor Robert Fisher, um livro que deveria ser lido por todos. A leitura me trouxe muita clareza do que eu quero na minha vida, do que é importante; devemos resolver nosso passado antes de qualquer coisa, não podemos nos trancafiar em nossos pensamentos e crenças. Na maioria das vezes, foram impostos, e acreditamos ser o certo, mas na verdade são crenças que nos limitam e nos travam, crenças certamente precisam ser avaliadas e, se necessário, quebradas. Não se demore para resolver, ter atitude, enfrentar seus medos e progredir na sua vida; somente você pode resolver suas questões. Não fique parado esperando que tudo vá se resolver sem ação, isso não existe.

A execução é responsável pela transformação.

PROPÓSITO

Não se apegue aos momentos difíceis, problemas sempre vamos ter, mas é porque temos a capacidade de resolvê-los. Primeiro, você precisa identificar a situação, reconhecer o que está acontecendo; estamos vivos para isso, resolver as questões que surgem, com maturidade, e ter certeza de que estamos evoluindo. Qual o seu propósito? O meu é viver o extraordinário, estar sempre contente e ajudando no que for necessário, estou pronta para viver desse modo, tenho, na minha mente, que resultados curam e que não quero viver no desespero ou na lamúria, muitas vezes usados como desculpas para a procrastinação. Saiba qual é seu lugar, tenha em mente a resolução, não queira se enterrar no poço, isso é fácil, querer ficar introvertido, não fazer nada, ficar na inércia. A sua vida vale cada movimento seu, não dê desculpas, queira ser e ter mais com alegria e disposição, queira ensinar as pessoas, tenha presença obtendo resultados, o transbordo deve fazer parte da sua jornada. Amar a si mesmo e as pessoas é dádiva, e o retorno é certo, quem dá recebe em dobro, todos podemos nos doar um pouco. Vamos em frente, resolvendo cada situação, da melhor maneira possível, e pedindo ajuda quando necessário. Cuidar da própria vida é obrigação de cada um, dar bons exemplos e ser uma inspiração, ser modelo para alguém é ter tranquilidade. A minha vida física nunca mais será a mesma, tenho lesões irreversíveis, faço tratamento até hoje no Hospital Sarah Kubitschek, mas sigo com naturalidade, agradeço todos os dias por ter conseguido uma vaga em um centro que é referência. Em casa, tenho meus trabalhos manuais, o cuidado com o lar ocupa bastante o meu tempo, e faço conforme eu posso, mas sempre consigo tempo para fazer meus exercícios, minhas leituras, procuro manter uma rotina saudável, que me dá mais disposição. No período da tarde, cuido da minha avó materna, que hoje está com 95 anos, Dona Zilda; ela não caminha mais, e eu lhe faço companhia. Ela sabe quem eu sou, mas não se lembra do meu nome, diz que eu sou uma vizinha bonita que vai lá todos os dias, ela não tem noção do quanto me ajuda. Minha avó foi uma das pessoas que me ensinou a ter Fé, dar valor para o trabalho e que qualquer trabalho precisa ser valorizado. Aprendi com ela que às vezes é melhor ficar quieto, só ouvir, e que a simplicidade é uma riqueza. Minha avó também perdeu um filho em um acidente; lembro, como se fosse hoje, o dia do velório do meu tio Américo, ela estava firme e ainda consolava seus outros 11 filhos. Que exemplo! Ainda hoje ela me ensina e, mesmo com todas as dificuldades físicas, aceita sem murmurar, sem revolta; é uma mulher resiliente, está sempre bem. Afinal, é a saudade que nos enche de vida! Com esse carinho, trato minha saúde emocional, não gasto energia pensando no que aconteceu, estou sempre orando, agradecendo por estar aqui. Nunca precisei de antidepressivos ou ansiolíticos, tenho um dia cheio de entusiasmo, à noite costumo dormir, e sempre meus primeiros e últimos pensamentos são em oração. Acredito que a minha espiritualidade me leva adiante, aceito tudo que vem a mim com gratidão! Quem não me conhece me pergunta quantos filhos tenho, e respondo que tenho dois. Sempre têm outras perguntas: *"Quantos anos eles têm? Onde eles estão?"*. Quando eu respondo que um está comigo e outro com Deus, aparece o constrangimento por parte de quem perguntou, mas digo: *"Tenho dois filhos!"*. Sempre vou ter, eu não deixei de ter porque um deles morreu, entendam que essa é a realidade e só posso aceitar, mas também não posso omitir para satisfazer o constrangimento de alguém. Aprendo, todos os dias, a lidar com minhas dores, ninguém vai fazer isso por mim; sou responsável pelos meus atos, então vou adiante. Tenho dois filhos, Bruno comigo e Inácio aos cuidados do Nosso Senhor; falar assim me enche de paz, mas sempre com muitas saudades.

Não espere ficar bom para decidir algo, faça.

EU INTERIOR

Hoje falo normalmente sobre o acidente, mas, por um bom tempo, a emoção tomou conta dos meus olhos e da minha fala sobre esse assunto. Relatar tudo isso escrevendo está sendo uma cura para minha alma, e espero realmente poder ajudar alguém, de alguma forma, principalmente as mães. Se eu conseguir acrescentar algo em suas vidas, já valeu o esforço. Sempre me coloco no lugar do outro para poder entender a sua história de vida e, assim, ajudar de alguma maneira, mas quero que cada leitor possa olhar para sua própria vida, entender que Deus é maravilhoso pelo simples fato de nos dar a oportunidade de estar vivos. Cada um com seus "problemas", temos oportunidades de agir. Se não existissem questões a resolver, como iríamos trabalhar, nos mover, nos alimentar? Seria um tédio. Jamais deixe o desespero tomar conta dos seus atos; tenha Fé, acredite em si mesmo, use a sua mente para produzir a seu favor, porque a sua mente é uma fábrica, se você não usar, alguém vai. O primeiro passo é conectar-se com as pessoas, deixe de ser burocrático e seja simples, pode até explodir, mas saia do lugar, deixe de "mimimi", descubra novas coisas e siga adiante. Um ato de gratidão a Deus é uma benção alcançada, seja grato pela sua existência, ajude alguém, caridade é amor; quando pensar em desistir, quebre as regras, mas jamais os princípios. Existem pessoas que precisam do seu apoio, às vezes dos seus ouvidos para somente escutar, isso também é ser caridoso. Busque o entendimento de tudo o que acontece, não culpe as pessoas, porque a verdade sempre prevalece, e as pessoas precisam ser ouvidas. Tenha autocontrole sobre as palavras que profere, porque a ofensa não sai da boca de quem está calado; seja moderado, comedido, ter paciência é um poder extraordinário, ter serenidade é conquista de poucos. Seja capaz de lidar com as diferenças. Somos todos únicos e amados por Deus. Já se passaram quase dez anos desde o acidente, nossa moradia é um apartamento maravilhoso, iluminado e aconchegante, cheio de boas lembranças que jamais vou esquecer. Mantenho muitas fotos de todos nós, dos momentos de riso, de brincadeiras, passeios. Também tenho alguns objetos; muitas coisas doei, mas alguns brinquedos guardo com muito carinho, é uma alegria para minha alma, é uma emoção. Também passo por situações que não tenho como controlar; por exemplo, quando sinto o cheiro do xampu que o Inácio usava, imediatamente as lágrimas brotam nos meus olhos, ou quando enxergo algum menino parecido com ele em algum lugar, parque, algum evento, às vezes é algum movimento. É sempre inesperado e muito forte, não consigo controlar, mas geralmente sou amparada pelo Bruno ou meu esposo; não é preciso falar nada, é só um momento, mais uma lembrança, como quando escuto alguma música que cantávamos. Só posso agradecer por tantos momentos lindos que vivemos junto do Inácio e seguir em frente. A emoção também é forte nas datas comemorativas, fácil falar que é só mais um dia, porém é mais um dia sem a presença do meu filho; tenho dois e somente um eu abraço em aniversário, Dia das Mães, Natal, Ano-Novo, Páscoa, Dia das Crianças. É uma dor com a qual ainda preciso me acostumar, ela existe, mas é serena. Cada ano que passa, é mais um sem a presença física do Inácio. Às vezes vou ao cemitério, não tenho receio quanto a isso, sei que preciso zelar pelo túmulo, cuidar das flores e sinto uma certa tranquilidade quando estou lá, mas confesso que não me sinto preparada para ir a velórios onde geralmente tem uma mãe chorando, isso ainda me causa muita dor, pois eu me coloco no lugar dela. Quando sei de algum acidente envolvendo crianças, sinto uma dor no meu peito que não tem como apagar, os pensamentos voltam ao dia que marcou nossas vidas, e a empatia é tão grande que sofro como se fosse comigo. É preciso ter discernimento e Fé. A ocupação da mente sempre foi o equilíbrio para a tranquilidade. Desde o momento que vivenciamos essa tragédia, procurei ocupar a minha mente, ativar, motivar, fazer muitas perguntas e confiar na minha Fé. Apesar da dor, sempre busquei ser divertida e passar segurança do meu estado emocional e físico, é claro que muitas vezes senti medo, muito medo mesmo, mas a minha coragem não tem explicação, pensando em evoluir, em qualquer situação, sempre estive focada, primeiro para sair do hospital, depois sair da cama e caminhar. Hoje meu foco é viver o extraordinário com meu filho e meu esposo. Quero ser escritora, dar o testemunho do que eu vivi, para, de alguma maneira, ajudar alguém, quero ser caravaneira em projetos da ONG Fraternidade sem Fronteiras (FSF), quero sempre poder ler e estudar, quero sempre aprender sobre culinária e, em tudo que eu fizer, quero dar o meu melhor, quero fazer com excelência. Assumo esse compromisso comigo. Tem uma frase do Pablo Marçal de que eu gosto muito, que diz assim: "Quem é bom em dar desculpas não é bom em mais nada".

*Atitude não é fazer alguma coisa,
mas é o estado de espírito em que nos colocamos.*

MOMENTOS

Cada conquista do Bruno, cada ano de formatura de uma série para outra, cada oportunidade é sentida por mim sempre pensando também no Inácio. Eles tinham uma diferença de idade de um ano e meio, eram duas crianças lindas, quase do mesmo tamanho, eram muito ativos e amigos. Hoje o Bruno está com 20 anos, é um exemplo de superação, educado, bondoso, carinhoso e respeitoso pelos mais velhos; ele vira uma criança com as crianças e cada dia me enche de orgulho. Às vezes me corrige, me chama para a realidade, seguidamente nos abraçamos forte sem falar nada. Bruno é muito discreto nos seus sentimentos, mas é sofrido, e suas memórias não tenho como apagar, sinto muito por isso, sei que esse sofrimento fez com que ele perdesse boa parte da sua infância. Tenho convicção de que Deus sabe todas as coisas e sou grata pela vida dos meus filhos, um aqui e outro lá. Porém, a verdade é que uma parte do crescimento do Bruno foi interrompida por esse acidente, não foram poucas as vezes que precisei ampará-lo, e ainda por um bom tempo quero fazê-lo, mas agora com a certeza de que o Inácio está nos cuidando, nos guiando e em nossos corações. Tudo eu posso naquele que me fortalece, remir o tempo, ressignificar, passou a ser prática na minha vida. O Senhor renova as minhas forças todas as manhãs ao acordar, eu me sinto amada, e de tudo eu guardo o meu coração agindo com honra e glória, com verdade. Na busca pela evolução e com o propósito de ter uma vida extraordinária, precisei romper com crenças que, até pouco tempo, eu tinha como verdades; crenças essas que, na maioria das vezes, são impostas. Muitas fazem parte de um núcleo familiar que cujos indivíduos aprenderam com os antepassados. Essas pessoas vivem e acreditam que é o certo. Não aprenderam de outra maneira, por isso não devemos julgar. Quando eu me dei conta disso, decidi fazer diferente e assumir um compromisso comigo mesma de mudança; desde então tudo está mais leve, ainda há muito que mudar, mas está ocorrendo aos poucos, e as minhas ações estão gerando reações e resultados positivos, isso se reflete nas pessoas à minha volta. A prática do que é bom tem força e nos projeta para o extraordinário que é o que se quer. A leitura do livro *O Milagre da Manhã*, de Hal Elrod, me deu maior disposição de concluir minhas tarefas com sucesso; descobri que somente eu tenho o poder de transformar a minha vida, isso só ocorre se eu quiser e fizer, ação e reação; se você não se move, nada vai acontecer. Decidi transformar a minha adversidade em inspiração e capacitação para outras pessoas, por isso estou aqui relatando o que eu vivi. A minha história não pode se perder no esquecimento, acredito que posso mudar vidas, estou comprometida com esse propósito; criei uma rotina na minha vida que hoje já faz parte de mim, e isso para o meu despertar e sorrir é de extrema importância. Aprendi a me conhecer, sabendo que tenho limites, todos temos; aceito e renovo em Deus a minha força, respeito e acredito que cada um tem um tempo, e depende de cada ser fazer por si. Acredito que, por meio do meu testemunho, pode haver mudanças nas vidas de muitas pessoas, mas aceito que essa mudança depende do que cada um está disposto a fazer, tenho em mim que essa semente vai nascer, florescer e dar frutos em muitos solos. Esse é o intuito deste livro e a certeza de que estou gerando movimento em muitos corações. Hoje eu valorizo cada movimento que faço, desde o acordar, escovar os dentes, beber uma água, fazer atividade física; toda a minha ação é prazerosa, tomar banho, então, é uma alegria! Amo o que eu faço, e a gratidão, que me enche de alegria, transforma pequenas tarefas em sucesso. Quando organizo a minha casa, faço com gosto; quando preparo a mesa para tomar café, é uma lindeza, e cada momento com meus livros é de muito aprendizado. Hoje eu noto que a minha vida é cheia de vida, e devo honrar isso com zelo. Deus nos deu tudo, e temos ainda o livre arbítrio para escolher; Ele nos deu o poder da escolha, e fazer disso o extraordinário é nossa competência. Entendo assim e, a cada dia, eu me dedico mais ao aprender e mover, mas, principalmente, transbordar na vida das pessoas, porque precisamos uns dos outros. Isso é caridade, é amor. Em cartas de Paulo está escrito: "[...] sem amor eu nada seria". Vamos viver cada momento com bom humor, aceitando, compreendendo e fazendo as mudanças necessárias para a evolução, sem lamúria e com disposição. Sou batizada na Igreja Católica, mas há 27 anos conheci a doutrina espírita kardecista, faço estudos, quero sempre aprender coisas que me acrescentem valor positivo; sei e entendo que, independentemente de religião ou crença, precisamos ser cristãos, solidários com o próximo, ter empatia pelas pessoas, ser resilientes, porque todos passamos por alguma angústia; cada um sabe a sua dor, e permanecer nesses vales é decisão individual. Minha visão mostra que devemos primeiro aceitar nossas dores e, a partir desse conhecimento, tomarmos a decisão de mudar, buscar ajuda e fazer diferente, parar de tentar e agir; se der errado, fazer novamente e não persistir no erro. Sinto-me mais forte, hoje sei que preciso dar meu testemunho, relatar cada dor vivenciada, e minhas novas ações estão acalentando o meu viver, com muita alegria; sou mais positiva, estou mais paciente, ouço mais e com mais ternura. A alegria faz parte da minha vida, sou uma pessoa com ânimo, às vezes a solidão me acha, mas aprendi a compartilhar meus pensamentos com o Pai, e tudo se acalma. Entendo que a vida é uma dádiva, como dizem, é um presente, no entanto é cheia de desafios, passamos por momentos que parecem o fim. Cada pessoa tem uma questão a resolver, cada um sofrendo no seu mundo, com seus pensamentos, não podemos menosprezar problema algum, mas, diante de tragédias e perdas irreparáveis, nossos problemas somem. Muitas pessoas, ainda hoje, chegam a mim, me abraçam e falam: *"Eu sei o que tu passaste e te admiro por ser forte"*, fico feliz com esse gesto e penso que eu também me admiro. Todos os dias, eu peço forças a Deus, e ele me dá, como é maravilhoso ter a certeza do amparo Divino, essa vontade que eu tenho de viver, digo que a Fé é tudo na minha vida, do acordar ao adormecer, acreditar em dias melhores. O questionamento que as pessoas fazem, preciso também lidar com ele. A culpa, de quem foi? Essa pergunta, muitos ainda fazem, como se isso fosse importante na minha vida; é claro que quem causou o acidente foi responsabilizado, porque existem as leis, e elas precisam ser cumpridas, mas essa questão nunca foi prioridade, não vai fazer meu querido Inácio voltar. Meu relato sobre isso é de gratidão ao meu advogado, ao juiz, ao júri popular, que fizeram eu me sentir mais leve em relação à justiça dos homens. Acredito que, apesar de morosa, tudo foi como deveria ser. O dia que marcou nossas vidas foi 5 de abril de 2013, um dia de temperatura agradável, que jamais vamos esquecer, mas o vitimismo nunca fez parte da minha vida, isso eu aprendi com meus pais, e passei para os meus filhos. Não posso fraquejar comigo mesma, sei que seria um caminho para a entrega, para o choro, e confesso que muitas pessoas esperavam isso de mim, mas sou filha do Senhor, sua Imagem e Semelhança, Sua força me conduz no caminho do amor. Aceito as mazelas que me doem e não tenho medo de compartilhar o que vivi e vivo, o que aconteceu não precisa de explicação, mas precisa de testemunho, para que, de alguma maneira, possa ajudar outras pessoas a saírem da sua zona de conforto e enfrentarem seus medos, saírem da armadura e conquistarem a vida plena e digna. O que eu quero é ser feliz, continuar com a minha rotina saudável e, com isso, conquistar a vida extraordinária que almejo. Atitude gera mudanças e hábitos diferentes, e estar em conexão com o espiritual nos traz clareza e aceitação do que nos acontece, dessa maneira estamos prontos para a liberdade e ganhamos a vontade, o querer mais e ir além de nossas forças para conseguir o sucesso, sempre com integridade e respeito. Devemos nos desenvolver na pessoa que queremos ser, nos comprometendo e aceitando todos os desafios, fazendo, desfrutando e transbordando. Falo desfrutar das pequenas coisas de cada dia vivido, do olhar diferente para cada movimento seu, desde o abrir os olhos até a gentileza em dar um bom-dia para alguém, um ser vivo, um bichinho de estimação, um passarinho que seja. O desfrutar é ver quantas maravilhas o Criador nos proporciona, valorizar cada minuto respirado, ser e permanecer no amor, esse é o desfrute que temos e não vivenciamos. Abra seus olhos, queira sair do desânimo, é trabalhoso, mas vale cada momento. Não deixe que as crenças te limitem, aprenda o que precisa fazer e faça, quem você será para o resto da vida é sua responsabilidade, recuse-se a parar.

Ingestão contínua de combustível

A ORAÇÃO

De tudo guardo o meu coração, purifico-o, todos os dias, com os bons pensamentos. Dias de tristeza são normais, mas não sinto solidão, pois é no silêncio que falo com Deus. Purificar o coração é liberar perdão, assim ativo a prosperidade e sigo em frente. Hoje preciso relatar, porque tem gente morrendo com depressão, tem gente definhando no choro. A minha Fé é clara, então desperte a sua, invista em você, no seu potencial, acredite na Palavra, tenha certeza das coisas, não permita que nos obstáculos você se perca; na oração não tenha pensamentos vagos, saiba orar para que o desespero não se aproxime. Quando você mudar o pensamento e acreditar no que está fazendo, a sua Fé vai se fortalecer. É preciso agir, ser específico, veja sua meta claramente, resolva suas questões, obtenha sucesso em todas as áreas da sua vida, sinta, na sua alma, essa emoção. O poder da ação nos leva a outro patamar; faça tudo com alegria, com um sorriso, sorrir é como orar. Se você está introvertido, qualquer pessoa que se aproximar vai notar, e isso é contagiante, assim como o sorriso. Então escolha rir, porque ninguém está preocupado com seus problemas, não queira transferir a sua carga para os ombros de outros, isso pode até trazer a leveza do desabafo, mas, dependendo da pessoa, você pode ser um causador de tristeza e mágoa, isso não é benéfico. É sua responsabilidade se causar mal a alguém; lembre que toda ação tem uma reação, a colheita é sua. Quem reclama não prospera, então mude, largue suas crenças limitantes e não desista. Tenha uma interpretação diferente e otimista, capitalize os contratempos para o positivo; somos filhos amados e precisamos nos movimentar. Não seja vítima, você tem tudo que precisa para evoluir, cada um com seu caminho, problemas existem e sempre vão existir, isso faz parte. Por falar em perdão, aprendi que é um ato de amor consigo. Liberar o perdão me trouxe a paz; quando percebi que a pessoa que causou a morte do meu filho não tinha relação alguma comigo, entendi que essa culpa eu não carregaria. Eu não o ofendi, não o maltratei, não causei nenhum dano a ele, então por que tenho que perdoá-lo? Não sou eu que tenho que perdoar, é ele que precisa se perdoar, essa culpa não é minha, nesse momento liberei o perdão, me libertei de vários problemas. Hoje identifico que muitos dos problemas que surgem à minha volta não são meus, e sim dos outros, procuro manter meus pensamentos no que é bom, procuro ajudar se for necessário, mas problemas dos outros são dos outros, e cada um tem capacidade para resolvê-los. Como exemplo, posso dizer: sempre que alguém o "ofender", cabe a você se sentir ofendido ou não, mas a culpa é de quem ofendeu, de quem proferiu a ofensa, então não pegue essa culpa, saiba liberar o perdão, assim tudo ficará mais leve, mais prazeroso. Entenda que identificar o problema é libertador; a vida é feita de altos e baixos. Recomendo a leitura do livro *Picos e Vales*, de Spencer Johnson, que muito me ajudou a entender os altos e baixos. Nossos momentos de desânimo e de lamúria são os vales, os picos são onde queremos estar; sobre isso aprendi que não devemos nos demorar nos vales. Pensamentos de ódio, rancor, mágoas nos travam e nos fazem permanecer no fundo do poço, mas é necessário toda essa compreensão de que são esses momentos que nos impulsionam a querer coisas boas, que são os picos. A liberdade de escolher entre um e outro é o que nos cura; acesse a fonte, ela está dentro de você, tenha certeza do que você quer e confie que tudo vai florescer! Acredite, não pegue a culpa que não é sua, entenda que o que os outros pensam não é problema seu, se a ofensa não saiu da sua boca, fique em paz, fique tranquilo com a sua consciência. O ser humano adora dar desculpas para situações que na maioria das vezes não são de sua responsabilidade, porém é mais fácil ser assim; é menos trabalhoso se sentir culpado, introvertido, se entregar ao desânimo, ser o coitado. Queira sair desse túmulo, coloque em prática suas vontades, mostre seu valor, independentemente da opinião dos outros, você precisa se amar antes de tudo, para que as pessoas te vejam, te compreendam, te valorizem. Mais uma fase vencida, Bruno e eu também passamos por essa onda de coitadinhos, mas não foi por nós imposta, e sim pelo olhar das pessoas, pelos comentários, que, ao se colocarem em nossos lugares, se emocionavam, alguns até mesmo se entregaram à depressão. Lembro que, depois do acidente, tratavam o Bruno como "pobrezinho", e isso o estava deixando, cada vez mais, carente. Uma criança de 10 anos que estava se vitimizando devido aos comentários, percebi isso na escola e com a família, logo enfrentei a questão e expus a minha visão. Expliquei, com palavras firmes, aos interessados que, independentemente do que havia acontecido, Bruno e eu precisávamos reagir, e não seria literalmente passando a mão na cabeça que conseguiríamos sair do que vivemos. Claro que existe a empatia e o olhar de tristeza, mas eu não poderia permitir que o coitadismo se tornasse parte da personalidade do Bruno. Fui até o colégio e pedi aos professores para o tratarem como aluno, com tarefas, responsabilidades a cumprir, e assim foi feito, mas sempre com atenção, muito carinho nas atitudes e no comportamento. A todos pedi que o tratassem normalmente, como deve ser. O Bruno tinha somente 10 anos, e nessa idade é fácil absorver atitudes que, somadas a ações, interferem em toda a vida; precisei ser firme com ele e, mesmo querendo poupá-lo de muitas coisas, não o fiz. Minha vontade era de estar sempre com ele nos meus braços, de estar sempre acarinhando, sinceramente ainda quero fazer isso. A empatia não é fácil, mas essa capacidade de se colocar no lugar do próximo é uma caridade sem tamanho, permite que a vida seja plena, digna e verdadeira. Porém, nem todas as pessoas estão prontas para isso, muitos se aproveitam da empatia para vestirem a armadura e se fecharem para a descrença. O pensamento negativo é aliado do desespero e muitas vezes da depressão; como um gatilho, estão esperando a oportunidade de um acontecimento sério para dar desculpas. Coitadismo não é empatia, não confundam, porque existe uma linha tênue entre um e outro, não queira ser o "pobrezinho", não se demore no choro, ele existe, mas não deve tomar conta da sua vida. Permita que novas oportunidades cheguem até você, sem cansaço, sem ódio, sem culpa. É preciso viver com entusiasmo, ter gana, querer ter novas experiências, se permitir ser feliz novamente; nem tudo são flores, mas o sorriso proferido é um presente divino, a alegria deve estar sempre à frente! Você precisa querer ir mais longe, não fique aí parado, não se demore! Após o acidente, devido às lesões, os traumas físicos, fiquei com sequelas de grau permanente na coluna, faço tratamento e procuro fazer o que os médicos solicitam com entusiasmo. Não consegui voltar ao mercado de trabalho formal, mas hoje agradeço, pois tenho muito trabalho no meu lar e o privilégio de estar junto da vovó;

construímos uma relação de confiança e bem-querer. No meu lar, eu me envolvo com os afazeres, que não são poucos, tenho uma rotina de acordar às cinco horas da manhã, faço meus exercícios, minha leitura, orações e ainda gosto de me arriscar em receitas autorais. No turno da tarde, como já relatei, cuido da minha avó materna. Faço copa-lombo artesanalmente, uma carne suína curada e maturada, receita antiga da minha vó paterna, e pães de fermentação natural; me envolvo bastante com tudo isso, faço com alegria, pois para mim não é trabalho, e ainda complemento a minha renda.

Tornar-se melhor a cada dia, um dia após o outro.

OBJETIVO

Não deixe que os obstáculos te impeçam de ser feliz, não use isso como desculpa, pare de tentar fazer as coisas, vai lá e faz. Aprenda que quem tenta não consegue, você precisa agir, e, se der errado, faça de novo; de outra maneira, não erre nas mesmas coisas, use o erro para te impulsionar, e não te travar. Tenha novas ações, com outras perspectivas, preste atenção nos erros dos outros para não fazer igual, seja inovador, domine onde você estiver. Irreverência é uma dádiva, mas tenha sempre princípios, seja íntegro acima de tudo. Seja arrojado e desprovido de medos; o medo nos impede de prosperar, é um atraso em nossas vidas! Os traumas nos possibilitam sentimentos de amargura, tristeza, profunda dor, não queira ficar traumatizado. Muitas pessoas já chegam perguntando se eu fiquei traumatizada, penso que, em vez de ajudar com palavras de motivação, querem me ver já no trauma, sem chance de estar bem; isso é às vezes deprimente, porque sei que muitas delas não admitem, não acreditam que não tenha ficado nenhum "trauminha", mas sei que elas estão me medindo pela própria régua. Isso é um erro, eu anuncio aqui que cada um tem seu valor, não é preciso diminuir ninguém! Cada pessoa sabe da sua capacidade, mesmo no seu interior; sabemos quando estamos julgando ou fazendo algo errado, não se engane com seus pensamentos, a melhor atitude é o agir, a progressão, isso independe do passado; sua vida é agora, se você ficar aí penalizado consigo mesmo, ninguém vai te ver com outros olhos, saiba que o maior sabotador da sua vida é você mesmo. Essa atitude não é empatia, isso é egoísmo consigo mesmo; até quando isso vai acontecer é sua decisão. Cada pessoa tem nas atitudes a escolha de ir em frente ou se deixar paralisar por "traumas" do passado. O dia que marcou nossas vidas... digo "nossas" porque atingiu toda a família e, ainda, muitos amigos. Alguns, com toda a fragilidade imposta pelo acidente, ainda que doídos pela dor e emoção, foram obrigados a passar por situações inevitáveis, por exemplo, aguardar, junto do corpo do Inácio, a liberação dele para o enterro. Que dor imensa que não tenho palavras para expressar! Não tenho como descrever essa dor, apenas sinto muito por isso. Familiares e amigos, todos unidos no mesmo sentimento de impotência; não posso tirar essa dor de cada um envolvido, mas oro sempre por todos, para que encontrem a sua paz. Sei que aos poucos essa dor vai sendo substituída pela saudade, pelas lembranças de carinho, muitos hoje conseguem pronunciar o nome do Inácio sem choro, meus irmãos não deixaram a revolta tomar conta, mas sei que a vontade era outra. Um acidente é sempre inesperado, e, quando tem vítima fatal e criança, as pessoas ficam solícitas; independentemente de nos conhecer ou não, muitos oravam por nós, tenho certeza de que as boas vibrações nos envolveram, mas o abalo emocional é devastador. Não podemos julgar as pessoas por estarem deprimidas, não sabemos a causa, mas eu posso, como mãe que perdeu um filho, dizer que existem muitas coisas boas a fazer, Deus não te quer chorando, tenha empatia pelo próximo e cuide da sua vida. Comece pela caridade, que é o amor, invista no seu dia; só hoje, amanhã é mais um dia. Vamos firmes em frente, almejando coisas novas, boas ações. Muitos me perguntam sobre religião, mas falo que, acima de tudo, precisamos ser cristãos, não é questão de religião, e sim de ter Fé, acreditar no Pai; a minha casa é meu templo, é onde faço minhas orações, é onde comungo com Deus todos os dias da minha vida. Sempre digo que, em primeiro lugar, a mudança deve começar no lar, assim podemos nos doar externamente sem máscaras. Seja simples. Nós podemos acessar o tempo de Deus, mas para isso é preciso acreditar sem ver, isso se chama Fé, depois você visualiza e põe em prática no seu tempo; se precisar, peça ajuda, junto de alguém você vai mais longe, priorize você para depois agir, olhe à sua volta, existem pessoas que te amam, que te querem bem! Ainda hoje, depois de nove anos, há situações em que alguém chega perguntando e já afirmando: *"De onde tu tiras forças para seguir? Eu não conseguiria!"*. Escuto muito isso e respondo convicta: "Eu tenho Fé!". Tenho que honrar minha vida, tenho meu filho Bruno aqui comigo, que ainda quero apoiar, e o Inácio está nos dando forças junto de Deus. Ainda tenho muito trabalho por aqui. Hoje o Bruno já está com 20 anos, está na faculdade, onde vai realizar um de seus sonhos, eu me sinto mais leve, tenho muito orgulho da pessoa que ele se tornou, da pessoa que ele é; passamos muitas dificuldades desde o dia do acidente, dificuldade financeira, principalmente, mas isso não pode nos puxar para baixo. Sempre pude contar com a família e bons amigos; quando ocorreu o acidente, eu trabalhava em uma corretora privada aqui em Alegrete, mas não com carteira assinada, pois, quando pedi o emprego ao dono da empresa, eu estava precisando, e ele disse que não poderia assinar a carteira, aceitei e sou grata a ele por isso. Então, me acidentei, algumas pessoas queriam que eu o processasse para poder me aposentar por invalidez, afinal, não posso mais voltar ao mercado de trabalho, mas isso nunca passou pela minha cabeça, processar uma pessoa que muito me ajudou. Como nunca havia contribuído com o INSS, não consegui me aposentar por invalidez, por mais de dois anos, recebi ajuda da família e de amigos para pagar as contas básicas; depois de um tempo, comecei a receber do Estado, por liminar, uma pensão de alimentos, para mim e meu filho, e até hoje o processo civil ainda não foi julgado. Sigo somente pagando minhas contas básicas e complemento a minha renda fazendo copa-lombo artesanalmente e pães de fermentação natural, vendo para a família e os amigos. Isso me impulsionou ao que vivemos agora e que ainda vamos desfrutar. Casei novamente, o João Paulo e eu estamos juntos há seis anos, é um esposo amado, amoroso, parceiro e muito amigo do Bruno; somos parecidos em muitas coisas, e quero viver e prosperar ao seu lado, estamos sempre nos apoiando e acreditamos em um futuro excepcional. Tenho 47 anos e muitas vontades de conquistas, não penso em me acomodar, tenho fome de ler e aprender, de ser útil, me sinto capaz. Estou aqui, não é?! Escrevendo meu primeiro livro. Sempre me pergunto quem eu tenho sido, aprendi isso, que tenho sempre que me superar, que amanhã eu seja melhor que hoje. Não quero ser para sempre da mesma maneira, caso contrário, não teria evolução. Quero exercer, de forma digna, o livre-arbítrio, quero fazer coisas que não fazia antes e com prazer, quero ter o que sempre quis, e para isso preciso manifestar o melhor de mim, ter consciência emocional, ter confiança e controle dos meus atos. Oro sempre para que a iniciativa em minha vida se manifeste com transparência e que eu possa me adaptar, ser otimista e produzir.

O sábio sabe que ainda tem muito a aprender.

A AMIZADE

Eu espero contribuir na vida das pessoas. Espero que meu testemunho traga novas vontades, um novo olhar da sua própria trajetória, que o seu propósito seja prioridade, fazendo com que você saia do lugar. Existem pessoas que esperam por isso! Saiba que você não está sozinho, converse com Deus, abra seu coração, tenha intimidade com Ele, pois Ele é seu melhor amigo. Oportunidades surgem, e quero muito estimular as pessoas a fazer o seu melhor, devemos estar preparado para isso, vencer as adversidades e transformá-las em oportunidade de crescimento. Você é o único responsável pela vida que tem vivido, é responsável pelo que sente e está no comando, mas é difícil querer gerir, às vezes é mais fácil ser governado do que governar. O que você quer? Faça esta pergunta: para onde estou conduzindo a minha vida? O quanto você está, de fato, preparado para conduzir a sua vida? Ande na direção certa, faça o que é bom e benéfico. Quais as imagens que você cultiva e visualiza? Faça perguntas e responda. Tenha consciência de que tudo é com você, não são as pessoas que precisam mudar, é você; programe sua mente e seja feliz. Deixe o mundo melhor com uma visão positiva do futuro, a arrogância e a prepotência sabem de tudo e não levam a novas descobertas; seja autorresponsável, só você pode mudar isso; realize suas tarefas, porque a nossa felicidade só depende de nós mesmos. Até quando você vai cuidar da vida dos outros e culpá-los por suas falhas? Tire o "se" da sua vida, porque todos temos recursos para progredir, responsabilize-se, julgue apenas o seu comportamento e foque a solução dos seus problemas. Olhe seus pontos fortes, acredite, você tem valor; tudo muda após a sua mudança. Pergunte-se quem são os outros. Agir para ter oportunidades é uma decisão certeira, e você possui os recursos pertinentes às suas atitudes. Transforme o seu pensamento, faça uma declaração para você mesmo e comprometa-se a agir, está contigo a fórmula da felicidade e do bem-querer. Aprendi com estudos e leituras o quão importante é estarmos rodeados de pessoas positivas, pessoas de sucesso, pessoas do bem e que fazem acontecer; tudo isso é contagiante. Desse modo, você começará a mudar, inclusive, a sua linguagem, despertará o interesse em novos assuntos, e aos poucos virá a percepção do quão é necessário e importante ter um pensamento positivo. Estamos rodeados de pessoas, primeiro a nossa família, então vamos crescendo e conhecendo amigos, colegas, formamos um círculo de conhecidos, e, na maioria das vezes, são essas pessoas que nos colocam crenças limitantes. Não é fácil deixar isso para trás e começar novas amizades, trocar de família, não existe essa possibilidade, mas temos a escolha de conviver mais com alguns do que outros e podemos, sim, escolher pessoas que queremos modelar. Não é preciso conhecer, mas obter informações, procurar a sua história de sucesso, obter informações do que ela vivenciou, de como essa pessoa obteve o sucesso merecido, e aos poucos vamos mudando nossos pensamentos e nossas crenças e nos damos conta de como éramos influenciados pelos familiares, amigos e outros. Ter o nosso próprio pensamento a respeito de algo é motivador, percebemos, com isso, que tínhamos pensamentos manipulados pelos outros, e muitas vezes pensamentos negativos; a atitude de mudar é nossa, depende somente do nosso querer. Modelar uma pessoa de sucesso, uma pessoa íntegra, nos traz a clareza das situações e nos mostra onde estamos errando. Percebemos, com isso, que não vivemos a nossa vida, e sim a dos outros. Já faz um tempo que eu passei por essa decisão de modelar pessoas do bem, pessoas de valor moral, com ética profissional, com equilíbrio emocional, nesse processo estou evoluindo muito e estou gostando da mudança. Quando acontece o despertar do que queremos, ninguém mais pode nos parar, a não ser nós mesmos; somos capazes de transformar nossa vida e viver o extraordinário. As pessoas com pensamento negativo estão sempre de mau humor, sempre colocando empecilho em tudo, nada está bom, tudo é culpa de alguém, e ainda se sentem injustiçadas por algo, não fazem nada, estão sempre deprimidas e procurando uma doença, vivem a vida dos outros e ainda falam da vida alheia. Quando alguém se dá bem, nunca é por mérito próprio, mas sim porque alguém ajudou; se a Mega-Sena saiu somente para uma pessoa, deve ter sido marmelada. Esse tipo de gente é o que mais existe, geralmente dentro da nossa própria família; são essas pessoas que nos contaminam com pensamentos pessimistas, não é necessário se desligar delas, mas é de extrema importância percebermos quem são e não deixarmos que a nossa mente se contamine. Filtre e siga em frente. Para isso acontecer, precisamos conhecer pessoas diferentes, pois, sem isso, não podemos ter um comparativo do que é salutar e do que não é. Nem sempre é possível conhecer pessoas famosas e de sucesso, mas hoje tudo está nas pesquisas, então é muito fácil modelar alguém; não existe desculpa, existe somente falta de vontade. Então, não perca tempo, comece agora a modelar as pessoas que vão fazer a diferença na sua vida. Vou citar algumas pessoas que eu modelo: minha mãe Odete Pilecco Giacomini, Wagner Moura Gomes, Chico Xavier, Divaldo Pereira Franco, Jorge Paulo Lemann, Ayrton Senna, Pablo Marçal, Carol Marçal, Janguiê Diniz, Abilio Diniz, Myles Munroe, professor Gilberto Augusto, Joel Jota, Billy Graham, Mario Sergio Cortella, Leandro Karnal, entre outros. Pessoas que eu pesquiso, estudo e realmente modelo, nos bons hábitos e no ser cristão; esses exemplos nos dizem muito, geralmente são pessoas de muito sucesso, mas que batalharam e superaram cada desafio imposto. A maioria delas teve uma infância cheia de pedras no caminho, mas obstinados com positividade, trabalho e Fé, acreditaram no poder do fazer e conquistaram o sucesso. São pessoas que transbordam amor e ensinam as pessoas a prosperarem, sabem que quanto mais se doarem, mais receberão, isso se transforma num círculo do bem, gera cada vez mais frutos e se perpetua. A mudança que está ocorrendo em mim, por meio da modelagem, está aqui, jamais pensei que fosse capaz de escrever um livro, e agora quero escrever outros. Falar sobre a amizade é ter o privilégio de expor a sua vida sem medo, uma boa amizade nos eleva, nos acalma, nos dá discernimento e verdade, sem complicar, sem julgar; não é necessário hora marcada, às vezes não é necessário nem falar, basta um olhar, e os pensamentos se completam. A amizade não escolhe este ou aquele, simplesmente acontece e tem retorno; muitas vezes é alguém da família, outras um colega do jardim da infância, também há os amigos de repente, que surgem e parece que nos conhecemos a vida inteira. E como é bom quando esse melhor amigo é sua alma gêmea, seu grande amor! Viver ao seu lado será para sempre um presente. Quero deixar meu relato sobre meus amigos e dizer que tenho muitos, dizem que a amizade verdadeira dá para contar nos dedos de uma só mão, então realmente eu sou muito abençoada, porque eu precisaria de várias mãos. Após "o dia que marcou nossas vidas", fui amparada pela família e por amigos; com muitos eu não tenho contato direto, mas sei e confio que, se eu precisar e pedir auxílio a qualquer um deles, serei atendida. Durante alguns anos após o acidente, eu fiquei sem renda e fui amparada pela família e por amigos sem nunca pedir, isso não tem preço; simplesmente as coisas aconteciam à minha volta, contribuindo, principalmente, com a calma que eu precisava ter. Para mim é indiscutível e salutar preservar as amizades. Talvez a maioria deles nem saiba a importância que tem na minha vida, mas é assim mesmo, eu não preciso dizer. Amizade não pode ser cobrada, precisa ser sentida e valorizada com gestos; tenho amigos que fico às vezes, mais de ano, sem ver e sem falar com eles, só nos curtimos nas redes sociais, mas, quando nos encontramos, é uma festa, e a sensação é de que sempre estivemos perto. A boa amizade traz cura, alento. Lembro-me do Ayrton Senna, uma vez, em uma entrevista, ele falou: "Seja quem você for, independente da posição social, você deve ter como meta muita força, determinação, fazer tudo com muito amor e Fé em Deus, que um dia você chega lá, de alguma maneira você chega lá", esse é meu desejo para todas as pessoas. Percebo que a morte é certa e que a vida é valiosa, por isso devemos viver cada momento com amor, com paixão; a vida é preciosa porque, a qualquer momento, ela pode ser desligada, então vamos aproveitar cada momento único com clareza. Ah, se eu pudesse dar um conselho, seria de calma, tudo vai passar! Como fala uma música, *"quem chora pra Deus é consolado"*, tenha Fé. Vamos viver em harmonia com todos, porque precisamos uns dos outros, a vida é maravilhosa quando você está feliz, mas é muito melhor quando as pessoas estão felizes por sua causa. Não esqueça que o amor verdadeiro é exigente e que, na jornada do sucesso, você deve ter disciplina e consistência, deve ter comprometimento com suas metas. Como disse Carl Jung, "Ninguém se ilumina fantasiando figuras de luz, e sim tornando-se consciente de sua escuridão". Então, é preciso enfrentar a escuridão para retomar a liberdade; a vida é isso, é o que acontece enquanto fazemos planos para o futuro. Vamos viver o presente com honra e glória, aproveitando cada momento. A felicidade é espiritual, é algo eterno. A saudade que eu tenho do Inácio é boa, vou senti-la para sempre, não é mais dolorida; na vida de um cristão, nem tudo é sim, nem sempre é como queremos, nem tudo são flores, mas, a cada dia, percebo que a minha força aumenta. Não quero fazer da minha vida um inferno, e sim um céu; somos nós que criamos isso e devemos apreciar nossa vida em qualquer circunstância. Na Fé não existe dúvida, porque vem do coração. Desejo a cada um de vocês muita Fé e que a sua luta seja sempre com você mesmo, sem disputa, vivendo e pensando como ser melhor. Quero que você, leitor, saiba que, por mais difícil que esteja, há sempre um recurso, vale a intenção de expressar qualquer história que seja a sua, não fique no anonimato, o diálogo nos fortalece. Não somos todos iguais, somos únicos, nosso espírito é único, entenda que você é importante. Hoje eu modelo várias pessoas que acrescentam, de alguma forma, progressão na minha vida, isso cura as minhas feridas, procuro absorver o melhor delas e nem sabem disso, o quanto estão me ajudando, por isso eu escrevo. Mesmo sem conhecer muitos dos leitores, espero que, de alguma forma, eu possa agregar algo novo e bom. Meu propósito é ser mais humana, mais sensível. Jamais imaginei ser escritora, autora de um livro e, ainda, expor a minha dor, sempre pensei que esta era a minha história e que ninguém tinha que saber, mas compreendo agora que preciso sim dar meu testemunho, e fazer isso está me fortalecendo; isso é maravilhoso. Eu sou privilegiada por ter essa ação que acalenta a alma e conforta meu coração. Quero que você, leitor, entenda que problemas "materiais" não são problemas, e sim questões que precisam ser enfrentadas e resolvidas sem lamúria. Seja feliz! Tenha essa intimidade com você mesmo, saia da zona de conforto, há tanta coisa maravilhosa para ser compartilhada e vivida; não fique esperando pelos outros, todos temos vontades únicas, tenha coragem, inove nas suas decisões, cumpra com seu propósito. O dia que marcou nossas vidas foi 5 de abril de 2013, mas o dia mais importante de nossas vidas é hoje.

O sucesso vem a partir do cultivo de bons hábitos.

AUTORRESPONSABILIDADE

Enquanto a mudança não couber na sua mente, não caberá na sua mão; entenda que tudo é atração, acredite e receba a informação na sua mente de que é possível, visualize o que quer com convicção, essa é a primeira atitude que deve fazer parte dos novos hábitos. Fale para você escutar, seja ridículo, se assim pensar, mas ilumine a sua escuridão com novos planos, quebrando crenças, saindo da zona de conforto. Se você não tem o hábito de orar, quero dizer especialmente que isso é transformador, esse deve ser o seu primeiro hábito para haver a mudança que você merece; digo a você que Deus está aqui para nos ouvir, e não existe maior tristeza do que a falta de autoconhecimento. Fale com Ele, Ele sabe todas as coisas, abra seu coração, conte seus sonhos e peça ajuda, Ele te ouvirá, e o sucesso é a resposta. Tenha em mente princípios, isso deve ser maior que suas emoções, seja grato; às vezes, para chegarmos aonde desejamos, é preciso agradecer o que construímos até o momento e mudar de estratégia. A mudança de hábitos faz lapidar o diamante que existe dentro de cada um, e, a partir desse momento, você transforma a sua vida e, consequentemente, a dos outros. Essa é a oportunidade de impactar a vida das pessoas contribuindo com seus valores. Não quero aqui convencê-los, mas quero impactar com ações, dizer que quem somos podemos melhorar por meio do comportamento, quero dizer que tudo que é bom dói, nascer dói, dói, mas é assim que nós crescemos, é muito bom ter atritos para aprendermos. Os Profetas perguntaram a Davi: "Qual a principal virtude?", e a resposta foi: "O justo vivenciará a sua Fé", mas ela só entra em vigor quando não entendemos o que está acontecendo. Deus quer que você confie; sem essas pedras no caminho, você não as teria usado como degraus e não estaria onde você está, então a Fé é a base, é a confiança máxima de que tudo que Deus faz tem um propósito positivo.

FELICIDADE

Penso que a felicidade não é a ausência de conflitos, mas a habilidade para lidar com essas questões. Sempre teremos problemas, questões a resolver, isso faz parte da nossa evolução e contribui para o nosso crescimento. Devemos nos movimentar, agir para resolver cada situação; no momento que decidimos viver sorrindo, esses problemas serão só mais uma pedrinha no caminho e não vão nos causar dano algum. Você decide que quer tornar tudo melhor, sem carregar a tristeza, vai lá e resolve e segue em frente, torne a sua vida melhor, durma melhor e viva sorrindo.

MISSÃO DE VIDA

Qual a minha missão? Muitos me fazem essa pergunta, mas não importa qual a minha missão, o que eu quero é mudar a vida das pessoas, impactar a vida de alguém, quero ser grata e ter sempre motivação para ir adiante; que Deus me dê sempre a motivação de que eu preciso para ajudar as pessoas, com alegria. A morte do meu filho me fez refletir sobre a vida, percebo que é necessário apreciá-la e ter prazer em viver, a missão da minha vida é não desistir, não posso parar, tudo vai dar certo.

CONSIDERAÇÕES FINAIS

A memória de momentos felizes, o cultivo, dia a dia, de falar e trazer essas lembranças ao presente nos transforma em pessoas mais sensíveis e alegres, cultivar os hábitos e expor a alegria do ser amado é um presente.

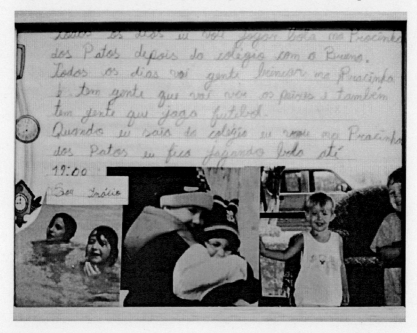

FRASES QUE EU MODELO

"[...] eu vivo muito alegre, muito feliz, trabalho, tenho sempre muita gente em volta de mim. Muita, muita gente na minha vida, é disso que eu gosto."

"Diamante é lapidado, não com pétalas de rosas, o ouro é levado ao cadinho... Nós todos estamos lutando...Vamos pedir a Deus paciência conosco. Eu peço paciência para todo o mundo! Sou uma pessoa bem-humorada, carregando uma engrenagem que está pesada, mas carrego com muita alegria [...]"

"Em qualquer situação, precisamos ter calma, as leis Divinas agem em nosso benefício... ninguém necessita se afligir em sua própria defesa. As nossas atitudes, mais cedo ou mais tarde, falarão por nós."

"Devemos aceitar a chegada da chamada morte, assim como o dia aceita a chegada da noite, tendo confiança que, em breve, de novo há de raiar o sol [...]"

Frases de Chico Xavier

ESTUDOS

O Evangelho de Chico Xavier (Carlos A. Baccelli), 2013.

Bíblia Sagrada,

A única coisa (Gary Keller), 1991.

Os segredos da mente milionária (T. Harv Eker), 2005.

A arte da Guerra (Sun Tzu), 500 a.C.

Antimedo (Pablo Marçal), 2019.

Mais esperto que o Diabo (Napoleon Hill), 2011.

Saia do caixão (Pablo Marçal), 2021.

O poder do agora (Eckhart), 2004.

Salomão, o homem mais rico que já existiu (Steven K. Scott), 2008.

O código da mente extraordinária (Vishen Lakhiani), 2006.

A boa sorte (Alex Rovira Celma e Fernando Trias de Bes), 2004.

O poder da autorresponsabilidade (Paulo Vieira), 2018.

Picos e vales (Spencer Johnson), 2017.

O ego é seu inimigo (Ryan Roliday), 2009.

O poder da ação (Paulo Vieira), 2015.

O cavaleiro preso na armadura (Robert Fisher), 2002.

O milagre da manhã (Hal Elrod), 2012.

O jeito Harvard de ser feliz (Shawn Achor), 2010.